101

101
대한민국 名士들의 맛집

ⓒ 한국경제신문, 2013

지은이	한국경제신문 편집국
펴낸이	김경태
펴낸곳	한국경제신문 한경BP
제1판 1쇄 발행	2013년 1월 6일
제1판 2쇄 발행	2014년 2월 5일
주소	한국경제신문, 서울시 중구 중림동 441
전화	02-3604-595, 583
FAX	02-3604-509
전자우편	bp@hankyung.com
등록	제 2-315(1967. 5. 15)
ISBN	978-89-475-2946-4 13590

101

한국경제신문의 인기 콘텐츠인
'한경과 맛있는 만남'에 소개된
대한민국 名士들의 단골 맛집
101곳을 단행본으로 엮었습니다

한국경제신문

한식

010	강만수 산은금융지주 회장	**돈후이**
011	강석희 CJ E&M 대표	**제일제면소** 서울쌍림점
012	강성원 한국공인회계사회 회장	**예담**
013	강호갑 중견기업연합회 회장	**예당**
014	구자열 LS그룹 회장	**본가**
015	권혁세 前 금융감독원 원장	**울돌목 가는 길**
016	김기문 중소기업중앙회 회장	**현복집**
017	김도연 국가과학기술위원회 위원장	**평가옥**
018	김석동 금융위원회 위원장	**진미식당**
019	김승조 한국항공우주연구원 원장	**사리원**
020	김승호 보령제약그룹 회장	**국시집**
021	김영복 옥션 단(檀) 대표	**대성집**
022	김정태 하나금융그룹 회장	**대련집**
023	김진환 법무법인 충정 대표변호사	**가연**
024	김형오 전 국회의장	**샤르르 샤브샤브**
025	김흥남 한국전자통신연구원장	**예조**
026	나카바야시 히사오 한국도요타 사장	**새마을식당** 역삼GS점
027	도용환 스틱인베스트먼트 회장	**버드나무집** 역삼점
028	류우익 통일부 장관	**고향보리밥**
029	마틴 유든 주한 영국 대사 / 전성철 세계경영연구원 회장	**달개비**
030	문길주 한국과학기술원 원장	**호반**
031	문희상 국회의원 / 김봉수 한국거래소 이사장	**대방골**
032	박원순 서울시장	**누리**
033	박인구 한국식품공업협회 회장	**가족회관**
034	박재순 한국농어촌공사 사장	**유선식당**
035	박재완 기획재정부 장관	**들풀**
036	박종구 한국폴리텍대학 이사장	**구마산**

※ 추천인 직함은 한국경제신문 '한경과 맛있는 만남' 게재일 기준입니다

037	박종수 금융투자협회 회장	**안동국시 마포**
038	서규용 농림수산식품부 장관	**구단지**
039	서남수 교육부 장관	**삼미**
040	소설가 성석제	**하모**
041	손경식 대한상공회의소 회장	**두레**
042	송승환 PMC프로덕션 대표	**예향 삼성동**
043	송영길 인천시장	**정가네 순두부**
044	신영무 대한변호사협회 회장	**우리집**
045	안택수 신용보증기금 이사장	**참복집**
046	안희정 충청남도지사	**그때그집**
047	오영호 KOTRA 사장	**명선헌**
048	우리 구트만 주한 이스라엘 대사	**참숯골**
049	원택 스님	**발우공양**
050	유상호 한국투자증권 사장	**동해가진항**
051	윤경희 맥쿼리증권 회장	**행복한 마음**
052	윤윤수 휠라글로벌 회장 / 조환익 한국전력공사 사장	**예촌**
053	윤홍근 제네시스BBQ 회장	**코리아하우스**
054	방송인 이경규	**청담1막**
055	이시종 충청북도지사	**오정**
056	이장석 넥센 히어로즈 대표	**갯마을**
057	이장호 BS금융지주 회장	**선비식당**
058	이재후 김앤장 대표변호사	**용금옥**
059	이채욱 인천공항공사 사장	**충보호동복집**
060	이토키 기미히로 소니코리아 사장	**진주청국장**
061	이희범 한국경영자총협회 회장 / 조준희 기업은행장	**안동국시 종로**
062	임영록 KB금융지주 회장	**용수산 아크로비스타점**
063	장마리 아르노 사노피아벤티스코리아 사장	**한국회관**

064	장인수 오비맥주 사장	**위대한밥상 영광**
065	장태평 한국마사회 회장	**마을**
066	정영균 희림종합건축사무소 사장	**예향** 역삼동
067	영화감독 정지영	**달항아리**
068	최광식 문화체육관광부 장관	**고향집**
069	최문기 미래창조과학부 장관	**강릉동치미막국수**
070	최삼규 대한건설협회 회장	**마포나룻터**
071	최수현 금융감독원 원장	**남도복집**
072	최양하 한샘 회장	**일미칼국수**
073	최종일 아이코닉스 대표	**고가**
074	프랑수아 프로보 르노삼성자동차 사장	**마포본가**
075	한덕수 한국무역협회 회장	**토담골** 논현동점
076	한스 울리히 자이트 주한 독일 대사	**콩두**
077	한정화 중소기업청 청장	**아리랑**
078	허남식 부산시장	**정림**
079	가수 현숙	**와궁**
080	홍기택 산은금융그룹 회장	**삼계탕마을** 2호점
081	홍석우 지식경제부 장관	**향정**
082	황건호 금융투자협회 회장	**나무가 있는 집**
083	황교안 법무부 장관	**영양센타** 반포점
084	스콧 와이트먼 주한 영국 대사 / 이종수 SH공사 사장	**민가다헌**

양식

086	권도엽 국토해양부 장관	**플로라**
087	김담 경방타임스퀘어 사장	**라쿠치나**
088	김영란 국민권익위원회 위원장	**충정각**

※ 추천인 직함은 한국경제신문 '한경과 맛있는 만남' 게재일 기준입니다

089	남민우 벤처기업협회 회장	**알리고떼**
090	더크 밴 니커크 한국베링거인겔하임 사장	**일비노로소**
091	미클로시 렝젤 주한 헝가리 대사	**트레비아**
092	박병원 은행연합회 회장	**로씨니**
093	윤용로 외환은행장	**램랜드**
094	클래식 기타리스트 이병우	**트라토리아 모로**
095	패션디자이너 이상봉	**부엔까미노**
096	임기영 대우증권 사장	**베니니**
097	정우현 미스터피자 회장	**미피레또**
098	조영기 넷마블 대표	**뚜띠쿠치나**
099	최재호 무학 회장	**파머스 키친**
100	틸로 헬터 주한 유럽상공회의소 회장	**톰볼라** 삼성점
101	황성호 우리투자증권 사장	**올라** 여의도 파크센터점

일식

104	박순호 세정 회장	**대성관초밥**
105	승효상 이로재종합건축사무소 대표	**도도야**
106	대목장 신응수	**배수사**
107	영화배우 안성기	**단**
108	오세정 기초과학연구원 원장	**긴자**
109	진영욱 정책금융공사 사장	**우미스시**

아시안

112	구재상 케이클라비스투자자문 대표	**JS가든** 청담점
113	골프선수 신지애	**마이홍**
114	끼띠퐁 나 라농 주한 태국 대사	**왕타이**
115	조윤선 여성가족부 장관	**오요리**

〈101 대한민국 名士들의 맛집〉은 …
2011년 9월 3일부터 2013년 12월 6일까지 한국경제신문
'한경과 맛있는 만남'에 소개된 명사들의 단골집을 묶어 만든
새로운 스타일의 맛집 가이드북입니다.

일러두기
1. 오피니언 리더들의 직함은 한국경제신문 '한경과 맛있는 만남'
   기사 게재일 당시 기준이므로 변동이 있을 수 있습니다.
2. 식당 주소는 가급적 새 주소명을 따랐지만 일부 식당은 옛 주소명으로 표기하였습니다.

한식
075

대한민국 名士들의 맛집

돈후이

초벌구이로 기름 뺀 대나무 삼겹살 맛 '으뜸'
대나무통삼겹살 · 와인삼겹살 · 고추장삼겹살

강만수 산은금융지주 회장의 단골집

돼지고기 전문점이다. 대나무통삼겹살이 많이 팔린다. 담양에서 가져온 대나무통에 썰지 않은 삼겹살을 2인분씩 담아 초벌구이를 해 기름을 뺀다. 손님상에 가져와 먹기 좋은 크기로 썰어 준다.

이걸 다시 참숯 화롯불에 구워 먹는다. 2인분(400g)에 2만3000원. 와인삼겹살과 고추장삼겹살은 1인분에 1만1500원,생삼겹살과 돼지갈비는 1만1000원이다. 상추와 김치는 모두 경기 하남시에 있는 사장(조형근)의 처가에서 재배한 것을 사용한다. 식사로는 '시원한 김치말이국수' '따뜻한 잔치국수' '얼큰한 칼국수' '칡냉면'(각 4000원) 등이 있다. (02)3402-3333 /서울 송파구 오금로35길 10

제일제면소 서울 쌍림점

면요리 전문점

국수 · 소고기 샤부샤부 · 우동전골

강석희 CJ E&M 대표의 단골집

CJ푸드빌의 면요리 전문 브랜드다. CJ그룹의 모태로 설탕뿐 아니라 밀가루도 생산했던 제일제당에서 '제일'이라는 이름을 따왔다.

　옛날 동네에서 볼 수 있었던 제면소의 기억을 떠올리도록 나무와 기와 인테리어로 추억과 향수를 살렸다. 인기 메뉴는 남해산 멸치와 다시마로 국물을 우려내고 밀가루와 물, 천일염 외에는 어떤 재료도 첨가하지 않은 면으로 만드는 '제일국수'와 '잔치국수'다. 우동면, 소면, 메밀면, 쌀면 등 4가지 면 중에서 선택할 수 있다. 깔끔하고 고소한 튀김과 7종의 수제 주먹밥, 술과 함께 즐길 수 있는 소고기 샤부샤부, 우동 전골, 치킨 가라아게(닭튀김)도 인기다. 서울 쌍림점, 신사동 가로수길점, 여의도 IFC점, 경기 판교점 등 네 곳에 매장이 있다. 국수는 7500~8000원, 소고기 샤부샤부 1만8000원(1인), 수제 주먹밥 1500~2500원.

(02)6740-7999 / 서울 중구 동호로330

예담

매일 메뉴 바뀌는 정통 한정식

생선회 · 전복구이 · 가래떡구이

강성원 한국공인회계사회 회장의 단골집

충정로에서 통인동으로 이전했다가 최근 강남 영동호텔 뒤 넓은 양옥집으로 옮겼다. 예담은 다양한 한정식 요리를 한자리에서 맛볼 수 있는 집이다. 퓨전 요리는 없고 정통 한정식 요리가 나온다. 예담의 가장 큰 특징은 코스 요리가 정해져 있지 않다는 점이다. 강성원 한국공인회계사회장과 만난 날엔 생선회, 생굴무침, 해삼, 꼬막, 삼합, 계란찜, 전복구이, 가래떡구이, 한우 등심구이, 전, 두부김치, 병어조림, 보리굴비, 찐 옥수수, 누룽지 튀밥 등 스물대여섯 가지 음식이 나왔지만, 이는 오직 '그날만의 메뉴'였다. 예담 사장은 매일 새벽 노량진시장을 찾는다. 최고 싱싱한 식재료만 골라 그날 코스 요리 메뉴를 결정한다. 음식은 양념이 강하지 않고 담백하다. 메뉴는 매일 바뀌지만, 단골들이 좋아하는 메뉴는 미리 메모해 뒀다가 밥상에 올리곤 한다. 점심 식사는 1인당 3만원, 저녁 식사는 6만5000원이다.

(02)365-6884 / 서울 강남구 도산대로16길 18

예당

과메기쌈 · 매생이두부 등 정갈한 상차림

추억의 밥상 코스 · 서울식 한정식

강호갑 중견기업연합회 회장의 단골집

서울 논현동 주택가에서 15년 동안 단골을 상대로 한정식을 파는 곳이었다. 집에서 차린 듯한 담백하고 정갈한 음식으로 정·재계 인사들의 '사랑방' 구실을 했다. 세월이 흘러 주변이 빌라촌으로 바뀌면서 9년 전 주택가를 나온 이 식당은 강남구 신사동 도산공원 사거리 근처 현대식 건물에 들어갔다. 당시 한나라당 대표였던 박근혜 대통령도 즐겨 찾았다. 4층짜리 건물로 옮기면서 내 집 같은 아늑한 분위기는 사라졌지만 그 맛은 여전히 유지하고 있어 손님들의 발길이 끊이지 않는다.

음식은 '서울식'에 맞추고 있다. 손님치레가 많은 군 장성 집안으로 시집온 주인이 수십년간 익혀온 것이라고 한다. 이날 강호갑 중견기업연합회 회장이 선택한 것은 저녁 코스요리 '추억의 밥상'이다. 나오는 음식은 화려하다. 보리매생이죽으로 시작해 유채샐러드, 봄동전, 도미회무침, 매생이두부, 과메기쌈, 더덕흑임자구이 등 쉴 새 없이 한상 가득 차려진다. 저녁코스 황제의 밥상 8만원, 황후의 밥상 10만원, 추억의 밥상 8만원, 점심코스는 3만원대부터. (02)546-2525 / 서울 강남구 언주로153길 5

본가

아귀찜·코다리찜 등 해물 전문점
삼겹살·동태찌개·생태찌개

구자열 LS그룹 회장의 단골집

본가는 아귀찜이 간판 음식인 해물 전문점이다. 이태원과 여의도를 거쳐 2002년부터 원효로에 자리잡았다. 40석밖에 안 되는 소규모 식당이지만 메뉴는 다양하다. 아귀찜은 4만(중)~4만5000원(대)으로, 콩나물을 빼면 거의 먹을 게 없는 3만원대 아귀찜과는 질적으로 다르다. 푸짐한 살코기를 베어 먹는 맛이 일품으로, 상당수 단골을 확보하고 있다. 아귀찜 가격이 다소 부담스러운 사람들은 동태찌개(6000원)나 생태찌개(1만원)를 자주 찾는다. 회식 자리라면 아귀찜으로 시작해 동태찌개나 생태찌개로 마무리하는 코스를 권할 만하다. 아귀찜을 대신할 메뉴로 코다리찜(2만5000원)도 있다.

해물 위주 식단이지만 삼겹살(1만2000원)도 판다. 어울리지 않는 조합이라고 생각할 수 있지만 의외로 삼겹살과 동태찌개 코스를 많이 찾는다. 서울 원효대교 북단 국민은행 원효지점 맞은편에 있다. 영업시간은 오전 11시~밤 10시. 일요일에도 문을 연다.

(02)714-6264 / 서울 용산구 원효로139-2

울돌목 가는 길

해산물 전남서 직접 공수 … 전복회 '별미'

코다리 정식·세꼬시 정식

권혁세 前 금융감독원장의 단골집

해산물 밥집이다. 전남 울돌목에서 올라온 해조류와 전복, 회 등이 늘 싱싱하다. 식전에 알로에 조각을 내고 세꼬시도 뼈 있는 것과 없는 것 두 종류로 준비하는 등 차별화를 꾀했다. 점심 메뉴로는 코다리정식(1만6000원), 낙지·게장정식(2만원), 세꼬시정식(2만7000원) 등이 있다. 저녁에는 해초칠절판 세꼬시 전복 낙지 볶음 도다리미역국 코다리 황석어조림 홍어찜 등이 나오는 울돌목정식(3만8000원)이 기본이다. 여기에 산낙지탕 전복구이 등을 추가하면 한산도정식(5만5000원), 연포탕까지 더해지면 우수영정식(7만5000원)이다. 점심은 낮 12시부터 오후 2시30분까지, 저녁은 오후 6~10시 사이에 영업한다.

서울 서초역 2번출구에서 100여m 내려가서 왼쪽으로 꺾어들면 1호점이 있다. 삼성동 코엑스인터컨티넨탈호텔 근처에 2호점을 냈다.

(02)521-6032 / 서울 서초구 반포대로28길 8

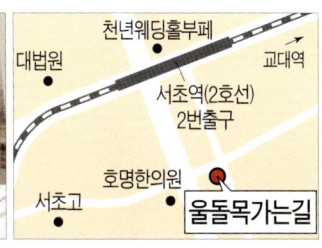

현복집

참복사시미 · 튀김 · 구이 등 유명한 복 전문점

참복쌈 · 참복사시미낫토

김기문 중소기업중앙회 회장의 단골집

현복집은 참복요리 전문점이다. 일본 종합상사 도멘 서울지사에서 13년간 근무하다 복 요리에 빠져 일본에서 공부하고 온 신재욱 대표(48)가 2003년 서울 논현동에 가게를 열어, 지금까지 같은 자리에서 영업하고 있다.

대표 메뉴는 참복사시미 참복쌈(부쓰사시) 복껍질무침(유비키) 참복튀김 참복구이 등 10개. 요리마다 깊은 맛이 일품이다. 가격은 만만찮다. 참복사시미낫토 한 접시가 6000원으로 가장 싸다. 참복튀김은 1인분에 3만원, 참복구이는 5만원이다. 제주산 참복 한 마리를 즉석에서 수육으로 만들어주는 특수육은 12만원. 코스 요리는 8만원, 12만원, 15만원짜리가 있다. 참복껍질 참복사시미 참복튀김 참복지리 죽 5가지가 8만원이고 여기에 참복 숯불구이와 참복불고기 하나를 추가하면 12만원. 10가지 메뉴를 모두 먹는 15만원 코스도 있다. 점심에는 8만원 코스요리를 반값에 제공한다.

(02)511-6888 / 서울 강남구 도산대로50길 14

평가옥

어복쟁반 · 냉면 유명한 이북음식 전문점

개성식 만두 · 녹두지짐

김도연 국가과학기술위원회 위원장의 단골집

어복쟁반, 만두, 냉면으로 유명한 이북 음식 전문점. 1935년 평양에서 '제일면옥'으로 출발했으며 3대째 가업을 이어오고 있다. 현재의 평가옥으로 이름을 바꾼 것은 10년 전. 피가 얇고 속을 꽉 채우는 개성식 만두 스타일이 특징이다. 두부와 고기가 꽉 차 있어 담백하고 부드럽다. 어복쟁반은 소고기 편육을 놋쟁반에 담아 여럿이 둘러앉아 먹는 음식이다. 만두와 두부, 고소한 양념으로 재운 불고기와 낙지를 넣고 매콤하게 끓이는 만두전골도 인기 메뉴 중 하나다. 냉면은 밍밍한 맛을 선호하는 사람에게는 육수의 간이 센 편이나 메밀 향이 강해 균형이 잡혀 있다는 평가다. 고기완자를 올려 내는 것도 이 집의 특색이다. 분당 정자동의 본점과 서울 삼성동, 양재동, 잠실, 반포, 광화문 등 5곳에 분점을 두고 있다. 어복쟁반(대) 6만 6000원, 만두전골(1인) 1만7000원, 녹두지짐 1만1000원, 평양냉면 1만원, 만둣국 1만원. (02)732-1566 / 서울 종로구 새문안로5가길 7

진미식당

'밥도둑' 간장게장 전문…어리굴젓도 입맛 돋워

겟국지·간자미·감태·대하

김석동 금융위원장의 단골집

간장게장을 전문으로 하는 집이다. 10년 전 마포경찰서 뒤편에서 시작해 5년 전 맞은편 에쓰오일 주유소 뒤로 옮겼다. 충남 서산에서 알이 듬뿍 든 게만 골라 게장을 담근다. 꽃게가 알을 배는 때는 4~5월과 11~12월이다. 하지만 9월에도 알이 든 꽃게를 맛볼 수 있는 것은 4월에 사서 급속 냉동해뒀기 때문이다. 사흘간 서산 생강을 넣어 삭힌 간장에 숙성시켜서 나온다.

반찬으로 나오는 감태 위에 어리굴젓을 얹어 먹으면 간장게장 못지않은 밥도둑이다. 게와 김치를 넣고 끓인 겟국지도 입맛을 돋운다.

주메뉴는 간장게장이다. 1인분에 2만8000원이다. 그리고 아는 사람만 찾는 제철 메뉴들이 있다. 9~10월에는 간자미, 11~12월엔 대하(큰새우)가 나온다. 12월 들어 날이 많이 추워지면 새조개가 올라오고, 4~5월엔 또 대하철이 된다.

(02) 3211-4468 / 서울 마포구 마포대로186-6

사리원

과일·채소로 맛낸 불고기 일품

3대째 이어온 불고기 전문점

김승조 한국항공우주연구원 원장의 단골집

사리원은 창업주 고(故) 구분임 씨가 1930년대 문을 연 후 3대째 이어온 불고기 전문점이다. 상호인 사리원은 창업주의 고향인 황해도 사리원에서 따온 것이다. 당뇨병에 걸린 남편을 위해 설탕과 조미료 대신 과일과 채소 등으로만 단맛을 낸 소스로 불고기를 만든 게 출발점이다. 구씨의 며느리 현순옥 씨는 파인애플, 오렌지, 키위, 샐러드 등 소스에 들어가는 과일과 채소를 다양화했다. 사리원은 1970년대 서울 동숭동에서 1990년대 도곡동으로 자리를 옮겼다. 2000년에는 창업주의 손자 나성윤 사장이 서초사리원을 오픈했다. 나 사장은 불고기와 와인을 결합해 서초사리원을 특화시키고 있다. 점심에는 육수불고기와 식사(냉면 또는 된장찌개)를 함께 주는 불고기세트(2만6000원, 부가세 별도)를 먹을 수 있다. 저녁 메뉴는 사리원불고기(1인분 3만원), 육수불고기(1인분 2만3000원), 등심(1인분 4만6000원), 냉면(9000원) 등이다. (02)3474-5005 / 서울 서초구 서운로136

국시집

안동식 칼국수 원조 … YS도 즐겨찾아

소고기수육 · 문어숙회 · 생선전

김승호 보령제약그룹 회장의 단골집

눈에 잘 띄지도 않는 간판이지만 평일 낮에도 예약을 하지 않으면 한참을 기다려야 한다. 안동식 칼국수의 모태 격인 '국시집'은 김영삼 전 대통령의 단골집으로도 잘 알려져 있다. 1969년 문 이 집은 당시 창업자의 딸이 이어받아 장시를 계속하고 있다. 1층은 테이블과 방이 함께 있고 2층은 방으로만 돼 있다. 메뉴는 소고기 수육, 문어 숙회, 생선전, 칼국수다. 문어 숙회는 너무 퍼지지도, 딱딱하지도 않게 삶아내는 게 관건. 40년 동안 이어진 비법이다. 소고기 양지와 사태로 만든 수육은 솜사탕처럼 부드러우면서 씹을수록 느껴지는 쫄깃한 맛이 일품이다. 함께 나오는 양파 고추절임과 함께 먹으면 제격이다. 칼국수는 정통 경상도식이다. 면, 고기 약간, 애호박 약간 등이 재료의 전부다. 화학조미료는 일절 사용하지 않고, 국수 면도 손으로 직접 만든다. 숙회와 수육은 2만5000원, 대구전은 2만원, 칼국수는 8000원.

(02)762-1924 /서울 성북구 창경궁로43길 9

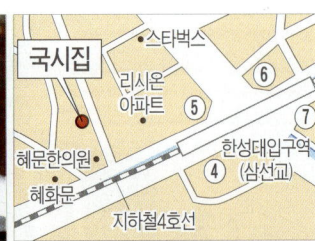

대성집

밤새 우려낸 맑은 도가니탕 일품

도가니탕 · 수육 · 해장국

김영복 옥션 단(檀) 대표의 단골집

"애걔 메뉴가 이것뿐이에요." 대성집에 들어선 순간 눈에 들어온 메뉴판에는 도가니탕, 수육만 달랑 적혀 있었다. 그러나 이 집을 우습게 봐선 곤란하다. 으리으리한 겉모습과 호화로운 인테리어를 뽐내는 여느 레스토랑은 이 집 앞에서 머리를 조아려야 한다. 최근 한 음식점 평가기관이 내놓은 점수는 한식당 중에서도 최상급이다. 가격도 착하다. 60여년 동안 한자리를 지켜온 대성집은 원래 해장국집으로 출발했지만 도가니탕 전문으로 바뀌었다. 커다란 가마솥에 도가니뼈와 도가니살, 힘줄을 함께 넣고 밤이 새도록 장작불로 국물을 우려내는데 누린내도 나지 않는 맑은 빛의 진국이다. 메뉴판에는 없지만 사골 국물에 선지와 우거지를 넣은 후 된장을 풀어 끓여낸 해장국도 시원한 맛이 일품이다. 예약은 받지 않고 주차는 가능하다. 도가니탕 9000원, 수육 2만원, 해장국 5000원.

(02)735-4259 / 서울 종로구 통일로184-11

대련집

사골 칼국수 · 생배추 보쌈으로 유명

통사골 24시간 고아 우려낸 국물

김정태 하나금융그룹 회장의 단골집

통사골을 24시간 고아 우려낸 구수한 국물로 맛을 낸 칼국수집. 면 위에 소고기, 당근, 호박, 계란 지단 등 고명을 맛깔스럽게 얹어 내놓는다. 서울 관철동 파고다어학원 종로타워에서 청계천을 따라 청계3가 사거리 방향으로 50m가량 걸어가다 보면 나오는 왼쪽 첫 번째 골목 어귀에 있다.

싱싱한 생배추와 촉촉하게 삶아낸 보쌈이 어우러진 생배추보쌈도 잘 나간다. 점심 메뉴는 생배추보쌈, 제육, 파전, 칼국수 등이다. 저녁에는 점심 메뉴에다 모둠전, 북어찜, 홍어찜, 낙지볶음, 두부김치, 육회 등을 먹을 수 있다. 막걸리 한잔 하기에 제격인 안주가 많다. 칼국수는 6000원, 생배추보쌈은 크기에 따라 1만5000~2만5000원이다. 나머지 안주류도 9000~2만5000원으로 저렴하게 먹을 수 있다. 영업시간은 오전 10시30분부터 오후 10시까지. 토요일에는 오후 9시30분까지 문을 열고 일요일은 쉰다.   (02)2265-5349 / 서울 종로구 관수동 163

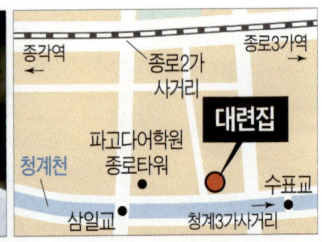

가연

남도 특유의 깊은 맛 … 가정집 같은 편안한 분위기

남도 한정식 코스요리, 병어조림 · 가자미조림

김진환 법무법인 충정 대표변호사의 단골집

가정집을 개조한 '가연'은 남도 특유의 깊은 맛에다 도심 한가운데 있으면서도 고즈넉한 분위기 덕분에 오랜 단골이 많다. 지하철 3호선 교대역 14번출구로 나와 GS칼텍스 주유소 골목에서 오른쪽으로 꺾어 100m가량 걸어 들어가면 보인다. 마당에는 아담하면서도 잘 정리된 정원이 있다. 원예를 공부한 식당 주인이 직접 풀과 나무를 다듬는다. 식당 안에 7개의 방이 있으며, 어느 방이나 6~7명이 충분히 앉을 수 있다. 평범한 가정집처럼 꾸민 인테리어가 소박하면서 편안한 느낌을 준다. 단품 메뉴는 없다. 모두 한정식 코스 요리로 점심은 1인당 3만5000원, 저녁은 1인당 8만원과 10만원 두 가지다. 대표 메뉴는 병어조림과 가자미조림. 제철 음식을 만들기 위해 새벽 시장에서 매일 재료를 조달한다. 영업시간은 점심은 오전 11시부터 오후 1시, 저녁은 오후 6시부터 11시까지. 주말은 예약이 있을 경우 영업한다.

(02)522-1958 / 서울 서초구 서초대로48길 64

샤르르 샤브샤브

세 가지 소스 곁들인 샤부샤부 '담백'
취향 따라 골라 만들어 먹는 샤부샤부

김형오 前 국회의장의 단골집

'샤르르 샤브샤브'의 가장 큰 특징은 각자 자신의 기호에 맞게 샤부샤부를 만들어 먹을 수 있다는 것이다. 2~4명이 한 냄비를 이용해야 하는 다른 샤부샤부 식당과 달리 각자 자신의 냄비에 직접 고기와 채소 등을 데쳐 먹을 수 있다. 양념 소스는 칠리소스와 들깨소스, 간장소스 등 세 가지가 제공돼 각자 취향에 따라 선택할 수 있다. 신선한 소고기와 다양한 채소가 나온다.

뉴그린과 치커리, 청경채, 표고버섯, 팽이버섯, 배추, 단호박 등 여러 종류의 채소가 제공된다. 육수에 칼국수를 넣어 끓여 먹을 수 있다. 식전에 나오는 단호박죽과 식후에 먹는 수정과도 인기다. 샤르르 샤브샤브 정식(1만7000원)과 샤르르 샤브샤브 스페셜(2만2000원) 등이 인기 메뉴다. 상추쌈에 고기를 얹어 먹는 상추쌈 샤브샤브(1만1000원)는 점심시간에 주문하면 9000원으로 할인된다. 서울 염리동 염리초등학교 맞은편 2층에 있다. (02)717-5082 /서울 마포구 토정로37길 41

예조

삼합·보리굴비가 일품…IT인들도 즐겨 찾아
전라도식 한식, 쑥인절미·조기찌개

김흥남 한국전자통신연구원 원장의 단골집

서울경찰청과 사직공원 중간에 있는 세종로성당 옆 전라도식 한식집 '예조'는 오래전부터 정치인들이 즐겨 찾는 음식점(옛 이름 '장원')으로 유명하다. 주인이 바뀌고 이름도 바뀌었지만 음식 맛은 예전과 비슷하다. 방송통신위원회가 인근 세종문화회관 맞은편에 자리잡고 있어 방통위 전신인 정보통신부 시절부터 정보통신 업계 관련 인사들도 자주 찾는다. 이 음식점에서는 삼합과 보리굴비가 나온다. 삼합은 홍어와 삼겹살을 묵은김치에 싸 먹는 전라도 음식이다. 보리굴비는 반찬 또는 술안주로 인기다. 숟가락으로 밥을 떠 차가운 녹찻물에 담갔다 꺼내 보리굴비를 얹어 먹으면 일품이다. 쑥인절미는 전라도에서 가져온 쑥으로 만든 떡이다. 쑥과 콩가루가 어우러진 맛이 그만이다. 밥이 나올 때는 조기찌개도 곁들여진다. 점심은 3만5000원, 5만원짜리가 있고 저녁은 5만5000원, 7만5000원짜리가 있다.

(02)730-4646 / 서울 종로구 사직로8길 9-1

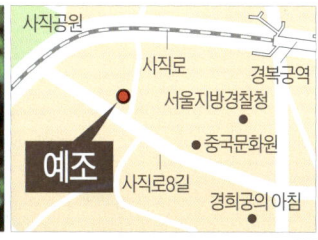

새마을식당 역삼GS점

열탄불고기 · 7분 김치찌개 대표 메뉴

찹쌀 고추장 소스 열탄불고기

나카바야시 히사오 한국도요타 사장의 단골집

한국의 대표적 음식인 불고기를 주메뉴로 하는 프랜차이즈 식당. 지하철 2호선 역삼역에서 GS타워 뒷골목으로 걸어 들어가야 한다. 얇게 썰어낸 돼지고기를 찹쌀고추장으로 만든 매콤한 소스에 버무려 숯불에 구워 먹는 열탄불고기가 인기 메뉴다. 고추장 덕분에 돼지고기 냄새가 나지 않고 불고기 소스의 달콤함까지 합쳐지면서 감칠맛을 낸다. 고기가 다 구워질 때쯤 '7분 돼지 김치찌개'를 주문하면 금상첨화다. 7분 타이머가 울리면 직원이 고기와 김치를 가위로 먹기 좋게 잘라준다. 진한 육수와 맛있게 익은 김치가 한데 어우러져 얼큰한 맛을 낸다. 찌개 국물을 조금 넣고 짭짤하게 소금을 뿌린 김가루를 하얀 쌀밥에 뿌려 비벼 먹으면 밥 한 공기를 뚝딱 비울 수 있다. 열탄불고기와 소금구이는 1인분에 8000원. 김치찌개는 5000원, 멸치국수는 3000원이다. 평일은 오전 11시~새벽 6시, 토요일은 오전 11시~오후 11시50분까지 영업한다. (02)568-4942 / 서울 강남구 봉은사로30길 73

버드나무집 역삼점

등심 주물럭 · 점심 한정 판매 갈비탕 인기

한우 주물럭 · 암소 왕갈비 · 갈비탕 · 한우요리전문

도용환 스틱인베스트먼트 회장의 단골집

서울 역삼1동에 있는 버드나무집 역삼점은 1977년 서초동에서 시작한 본점과 우면점에 이어 2007년 서울시내에 세 번째로 문을 연 한우요리 전문점이다. 이곳의 모든 소고기는 1++등급 암소만 사용하고 있다. 자체 개발한 천연 특제 양념으로 등심을 재운 뒤 수일간 숙성시켜 맛을 낸 한우 주물럭과 연한 암소갈비에 칼집을 내 양념 간이 깊게 배어 있는 왕갈비가 인기 메뉴다. 구이용 화로는 국내산 참숯을 쓴다. 주 메뉴인 소고기 외에 더덕튀김, 고추장 양념게장, 특제소스 등 밑반찬도 풍성하다. 특히 이곳은 점심시간 전인 오전 11시30분부터 한정수량만 판매하는 갈비탕으로도 유명하다. 푸짐한 양과 깔끔한 맛에 외국인도 많이 찾아 30분 안에 갈비탕이 동날 정도다. 1인분(140g) 가격은 소갈비 4만5000원, 주물럭 4만5000원, 생등심 4만9000원, 안창살 5만4000원, 특등심 5만4000원, 갈비탕 1만5000원, 물냉면 8000원이다.   (02)2088-3392 / 서울 강남구 언주로522

고향보리밥

서울 대표적 '꽁보리밥'집 … 묵 무침 · 녹두전 일품

북어찜 술안주로 인기

류우익 통일부 장관의 단골집

서울 시내에서 '꽁보리밥'을 먹을 수 있는 대표적인 시골밥상집. 임정순 사장이 1994년 삼청동 본인 집을 개조해 문을 연 뒤 19년째 소박한 밥상을 내오고 있다. 대표 메뉴는 보리밥. 놋그릇에 파프리카, 적양배추, 콩나물, 해초를 푸짐하게 담고 철에 맞는 나물을 곁들여 입맛을 돋운다. 나무바가지에 담겨 나오는 탱글탱글한 꽁보리밥과 노란 기장밥은 색다른 식감을 선사한다. 1인분 7000원.

도토리묵 무침과 녹두전도 별미다. 도토리 가루만으로 쑨 묵은 부드러우면서도 탄력이 있어 부서지지 않고, 녹두를 직접 갈아 물만 추가해 부친 녹두전은 녹두 고유의 맛이 살아 있다. 각각 1만원. 황태에 얼큰한 양념을 해 쪄낸 '북어찜'(1만5000원)도 술안주로 인기다. 삼청동 마을버스 11번 종점, 삼청공용주차장 뒤편 골목에 있다. 영업시간은 오전 11시부터 오후 9시까지. 1년 중 새해 첫날, 설날, 추석 등 총 사흘만 쉰다.

(02)736-9716 / 서울 종로구 삼청동 2

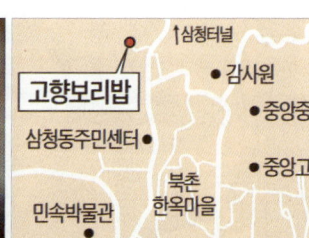

달개비

자연 식재료로 한국 전통요리 재현 … '통배김치' 별미

활전복구이 · 삼색전 · 탕평채 · 갈비구이

마틴 유든 주한 영국 대사 · 전성철 세계경영연구원 회장의 단골집

서울시의회와 덕수궁 사이 골목에 있는 '달개비'는 자연재료를 활용해 한국 전통요리를 재현해낸 음식점이다. 고객들에게 "맨홀 뚜껑에서 꽃을 피울 만큼 강인한 생명력을 지닌 풀인 달개비의 생명력을 전해주고 싶다"는 의미에서 이름을 정했다고 한다. 농약과 비료를 쓰지 않고 재배한 친환경 식재료를 사용한다. 매일 자연재배 전문 재료공급 업체 및 경동시장 등지에서 재료를 구입해 식단을 짠다. 메뉴에도 자주 변화를 준다. 각종 계절나물을 활용하고 해산물은 살아 있는 재료를 쓰는 것을 원칙으로 삼는다. 통배김치가 곁들여 나오는 7만원짜리 '맑은 물' 코스가 인기다. 중간에 놓인 물김치가 배와 어우러져 시원한 맛을 낸다. 죽과 통배김치, 활전복구이, 삼색전, 탕평채, 갈비구이가 차례대로 나온 뒤 된장국이 곁들여진 식사가 나온다. 점심과 저녁 모두 4만원, 5만5000원, 7만원의 세 가지 코스(1인분 기준)가 있다. 회의를 할 수 있는 비즈니스룸이 함께 있어 회의 장소로도 인기를 끌고 있다.

(02)763-3434 / 서울 중구 세종대로19길 16

호반

얼큰한 병어찜·순대에 서산강굴 푸짐
합리적 가격의 일품요리·한정식집

문길주 한국과학기술연구원 원장의 단골집

호반은 합리적 가격에 일품요리를 먹을 수 있는 한정식 집으로 유명하다. 1961년 무교동에 처음 문을 열었다가 재개발 사업으로 조계사 부근으로, 2002년엔 다시 지금의 재동으로 자리를 옮겼다. 대표 메뉴는 병어찜과 순대다. 병어찜은 병어 중에서도 맛 좋기로 소문난 참병어만을 사용한다. 냉동이 아닌 생물을 고집한다. 얼큰한 양념과 푸짐함 때문에 큰 인기다.

순대는 선지를 사용하는 보통의 검은 순대가 아니라 직접 만들어 속을 만두처럼 꽉 채운 게 특징. 순대와 순대국 모두 독특한 모양과 맛 덕분에 이를 찾는 단골 손님이 많다. 일반 식당에서 흔히 접하기 어려운 서산강굴도 별미다. 충남 서산에서 주인이 직접 가져오는데 추석 이후부터 이듬해 4월까지만 내놓는다. 채소를 많이 사용하지 않고 본 재료의 맛을 살린 담백하고 푸짐한 낙지볶음도 인기다.

순대는 2만5000원(대), 순댓국 7000원, 낙지볶음 3만5000원(대), 병어찜 4만원(대), 서산강굴은 3만3000원.　(02)733-4886 / 서울 종로구 재동 85-2

대방골

보리굴비 · 매생이 등 남도음식 전문
보리굴비 · 낙지 · 홍어 · 남도음식 전문 한정식

문희상 국회의원 · 김봉수 한국거래소 이사장의 단골집

솔잎에 쪄낸 보리굴비로 유명한 남도음식 전문점이다. 전남 영광에서 공수해 온 굴비가 손님의 식탁에 오르기까지 1년3개월이 걸린다. 조기를 잡아 냉동 보관했다가 해풍에 말리고 다시 냉동 보관하는 과정을 반복한다.

거센 바람에 조기의 내장이 터지면서 갈색으로 변한다. 쌀뜨물에 네 시간 담갔다가 건져낸 굴비를 솔잎 레몬 생강 무 다시마 등을 넣고 찐다. 이렇게 요리한 굴비를 살만 발라내 접시에 담아낸다. 녹찻물에 만 밥과 함께 먹으면 궁합이 맞다.

대방골은 24년 전 대방동에서 문을 연 뒤 7년 전 지금 위치로 옮겨왔다. 여야 국회의원은 물론 최근 들어 여의도공원을 넘어온 증권맨들도 많이 찾는다. 보리굴비 외에 매생이 낙지 전복 등을 재료로 한 다양한 음식을 선보인다. 가장 잘 나가는 솔잎굴비정식과 매생이굴비정식의 가격(괄호는 점심특가)은 각각 4만5000원(3만8000원)과 5만2000원(4만5000원)이다.

(02)783-4999 / 서울 영등포구 여의도동 13 진미파라곤 지하 1층

누리

한식 도시락 주메뉴 … 전통茶도 인기
계절 나물 장조림 모둠전 들어간 한식 도시락

박원순 서울시장의 단골집

서울 관훈동에 있는 퓨전 한정식집. 지하철 3호선 안국역에서 인사동 메인거리로 들어와 인사동 14길로 걸어 들어가야 한다. 안국역에서 걸어서 5~10분 거리다.

갖가지 계절 나물과 장조림, 모둠전이 들어간 한식 도시락이 대표 메뉴다. 반찬 종류와 가짓수에 따라 누리·계절·삼치·궁중 도시락으로 나뉜다. 가격은 각각 8000원, 1만원, 1만3000원, 1만5000원이다. 나물은 계절에 따라 구성이 조금씩 바뀐다. 낙지볶음과 비빔밥도 손님들이 즐겨 찾는 메뉴다. 인사동에 몰려 있는 다른 한정식집에 비해 상대적으로 저렴한 가격에 다양한 한식을 즐길 수 있다. 직접 담근 전통차도 이 집의 자랑거리다. 설악산 약초로 달인 한방누리차를 비롯해 대추차, 오미자차, 유자차, 석류차 등 종류도 다양하다. 가격은 8000원. 식사와 차를 함께 하면 2000원 할인해준다. 낮에는 주로 차를 마시는 손님들로 붐빈다. 시인, 예술가, 출판사 관계자 등이 단골 손님이다. 입소문을 타고 일본인 관광객과 외국 바이어들도 자주 찾는다고 한다.   (02)736-7848 /서울 종로구 인사동14길 23

가족회관   정·재계 인사 단골 …저녁코스는 제대로 된 남도의 맛

정통 전라도 한식 · 삼합 · 세뱅이찌개

박인구 한국식품공업협회 회장의 단골집

광주(光州)에서 10년, 역삼동으로 옮겨 19년, 합치면 29년 동안 정통 전라도 한정식을 고집하고 있다. 정·재계 유명 인사들이 많이 찾는 곳이다.

적잖은 가짓수의 반찬이 나오지만, 남길 것이 없을 정도로 실속있게 차린다. 저녁 코스의 삼합에 나오는 홍어는 서울 사람들을 배려해 적당히 삭혔다. 민물새우탕인 세뱅이찌개, 법성포에서 공수해온 보리굴비, 싱싱한 전복 개불 멍게, 깊은 맛의 토하젓 등이 남도의 맛을 제대로 보여준다. 계절에 따라 싱싱한 제철 음식으로 메뉴를 조금씩 바꾼다. 1월에는 매생이가 제맛이다.

점심은 2만5000~3만5000원. 저녁은 3만5000원, 5만원, 7만원 코스가 있다. 영업시간은 오전 11시~오후 10시. 일요일은 쉰다. 미리 예약하는 게 좋다.

(02)567-2128 / 서울 강남구 테헤란로51길 15

유선식당

정통 남도식 민어요리로 유명

민어탕 · 민어회 · 병어조림

박재순 한국농어촌공사 사장의 단골집

유선식당은 서울에서 민어 요리로 유명한 곳이다. 목포 출신의 주인 부부가 서초동에서 10년 넘게 정통 남도식 생선 요리를 선보이고 있다. 민어는 매일 아침 목포에서 직송으로 받고 밥은 경기 이천쌀로 짓는다. 민어찜이나 조림 없이 민어탕과 민어회, 민어전만 한다. 민어의 뼈와 내장, 살, 머리를 넣고 끓인 민어탕은 맛이 개운하다. 민어철이 아닐 때는 병어조림이 이 집의 추천 요리다. 민어는 '백성 민(民)'이라는 이름처럼 서민들의 사랑을 받았던 생선이다. 하지만 어획량이 줄어들면서 흔하게 먹긴 어려워졌다. 지금은 전남 신안군 임자도 등 일부 어장에서만 잡힌다. 민어는 단백질이 풍부해 여름철 보양식으로 인기를 끌고 있다. 민어탕은 1인분에 2만원(2인 이상), 민어회는 시가로 받는다. 병어조림은 3만(중)~4만원(대). 병어회는 3만5000원. (02)525-6608 / 서울 서초구 효령로49길 25

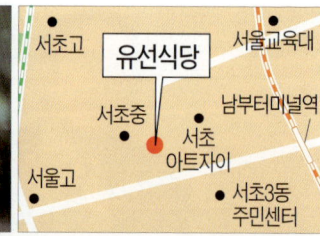

들풀

참나물 · 버섯 기본, 채식 위주의 한정식집

간장게장정식 · 버섯불고기정식

박재완 기획재정부 장관의 단골집

참나물과 버섯을 기본으로 한 채식 위주의 한정식집. 재료는 전북 무주구천동에서 직접 가져다 쓰고 화학조미료를 넣지 않는다고 한다. 양념도 가평에서 순우리콩으로 직접 만든 청국장 된장 간장 등을 사용한다. 소금도 불순물을 제거하기 위해 볶아 쓴다.

주메뉴는 정식이다. 들풀정식(2만원)과 약밥정식(1만1000원), 간장게장정식(2만5000원), 버섯불고기정식(1만5000원) 등이 있다. 세트메뉴는 모두 다섯 가지. 가격대는 1만4000~5만5000원이다. 호박죽과 들깨채소무침, 버섯잡채, 불고기, 생선구이, 청국장(또는 된장찌개)이 기본으로 나온다. 들풀이라는 상호는 생명력을 뜻한다고 한다. 청운동 외에 대학로 삼선교 상도동 등 서울에 4개의 체인점이 있다.

(02)720-4323 / 서울 종로구 자하문로118

구마산

경상도 스타일의 담백한 추어탕·숯불갈비 '일품'

추어탕·미더덕찜·숯불갈비

박종구 한국폴리텍대학 이사장의 단골집

구마산(舊馬山)은 여의도에서 35년째 영업 중인 전통 있는 음식점이다. 이름에서 볼 수 있듯 마산 출신 신복순 할머니와 큰딸 하경옥 사장이 경상도 스타일의 담백한 추어탕을 선보이는 집이다. 주력 메뉴는 숯불갈비(3만원)와 추어탕(9000원)이지만 씹을 때마다 알싸한 즙이 터져나오는 미더덕찜(1만5000원)도 빼놓으면 섭섭하다. 세 가지 메뉴가 각각 한가락 하기 때문에 '갈비 먹으러 구마산 가자'고 하면 '거기 추어탕집 아니었나?' 하는 반응도 심심찮게 들을 수 있다. 숯불갈비는 17년 공력의 주방장이 숯불에 미리 구워 뜨겁게 달군 석쇠에 담겨 나온다. 1등급 한우 암소 갈비에 아이들도 쉽게 먹을 수 있는 달콤한 양념을 더했다. 추어탕은 삶은 미꾸라지를 갈아서 체에 한 번 거른 후 우거지와 된장으로 맛을 내는 마산식이다. 일요일은 쉰다.　　　　　(02)782-3269 / 서울 영등포구 여의도동 43

안동국시 마포

한우 삼겹수육 · 즉석 녹두전 대표 메뉴
국시 · 한우 삼겹수육 · 북어양념구이

박종수 금융투자협회 회장의 단골집

서울 공덕동에 있는 안동국시 전문점. 서부지방검찰청 뒤쪽에 있다. 손님들이 가장 많이 찾는 메뉴는 안동국시다. 양지머리 육수에 국수를 삶아서 고명을 얹어 내놓는다. 가격은 7000원이다. 한우 삼겹수육과 즉석 녹두전도 즐겨 찾는 메뉴다. 가격은 각각 2만9000원과 1만원. 초벌구이를 한 뒤 마늘 생강 배 양파즙 등 10가지 이상의 재료로 만든 양념을 발라 구워내는 북어양념구이도 인기가 높다. 가격은 2만원이며 대관령 1등급 황태만 사용한다. 저녁에 오는 손님들은 10여가지 음식이 차례로 나오는 한정식 코스를 주로 찾는다. 계절별로 코스 메뉴가 달라지며 가격은 4만원 수준이다. 모든 음식에 같이 나오는 김치도 이 집의 자랑거리다. 경북 영양군에서 공수한 태양초로 김치를 담근다. 콩나물은 직접 기르며 모든 음식은 육각수로 조리한다. 인공으로 만든 조미료는 전혀 사용하지 않는다.

(02)3272-6465 / 서울 마포구 마포대로14가길 18-7

구단지

가정식 백반 주메뉴 … 점심도 저녁도 1인 7000원

닭볶음탕 · 제육볶음

서규용 농림수산식품부 장관의 단골집

과천시 중앙동 주공아파트 1단지 내 상가 2층에 있는 한정식집. 지하철 4호선 과천역에서 아파트 단지 쪽으로 잠깐 걸어 들어가야 한다. 가정식 백반이 주메뉴다. 도토리묵 두부 고추장아찌 시래기무침 고등어조림 등 상에 오르는 반찬이 다양하다. 계절에 따라 구성이 조금씩 바뀐다. 조미료를 쓰지 않아 담백하다. 식사 마지막은 된장찌개와 누룽지밥, 뭇국으로 든든하게 장식한다.

점심 저녁 똑같이 1인당 7000원이다. 단골들의 '특별 주문'에 따라 닭볶음탕과 제육볶음 같은 단품을 내놓기도 한다. 방이 많아 외부 손님을 맞이하는 고위 공직자들도 부담 없이 예약한다. 저녁은 9시 전에 일찍 마치는 편이다.

'구단지'라는 이름 탓에 주공 9단지를 찾았다가 헤매는 손님도 있다. 9단지 아파트는 부림교를 사이에 놓고 식당과 떨어져 있다. 거북 구(龜)자를 써서 '龜丹池'란다.

(02)502-0022 / 경기 과천시 관문로 130

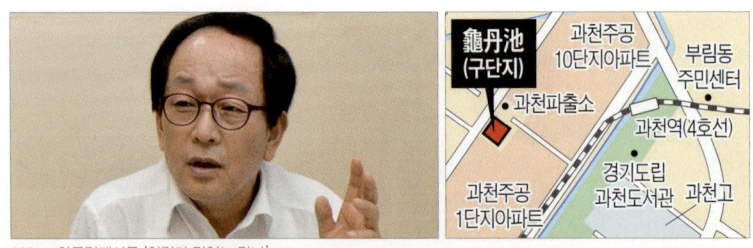

삼미

등심·삼겹살에 '멸치 육수 김치콩나물국' 인기

김치콩나물국·콩나물비빔밥·된장찌개

서남수 교육부 장관의 단골집

정부서울청사 근처 내자동에 있는 고깃집이다. 정일순 사장이 사촌언니, 조카와 함께 1980년 개업했다. 원래는 맛 미(味)를 쓰려고 했지만 간판 만드는 사람이 착각해서 아름다울 미(美)를 넣은 삼미(三美)로 만들어오는 바람에 지금의 이름으로 굳어졌다. 정 사장은 "미녀 셋이 운영해서 삼미(三美)라고 생각하는 손님도 많다"며 웃었다. 점심에는 김치찌개(7000원), 콩나물비빔밥, 된장찌개(각 6000원)를 내고, 저녁에는 등심(1인분 2만5000원)과 삼겹살(1만1000원)을 판다. 고기는 충남 당진과 서산, 홍성 등의 목장 세 곳에서 가져온다. 30년 넘게 같은 축산업자로부터 받고 있다. 멸치로 육수를 우려낸 김치콩나물국을 고기와 함께 내는데, 먹어본 사람들 모두 '집에서 먹는 맛'이라는 평을 한다. 정 사장이 인터넷을 잘 할 줄 몰라 네이버 같은 포털에 검색되지 않는 데다 좁은 골목길에 있어 찾아가기 어려울 수도 있다.

(02)736-6789 / 서울 종로구 사직로12길 1-2

하모

진주식 육회비빔밥…데친 채소에 국간장 넣어 맛 내

진주식 육회비빔밥·소고기국밥

소설가 성석제의 단골집

하모는 진주식 육회비빔밥 전문점이다. 진주비빔밥은 전주, 해주와 함께 3대 비빔밥으로 꼽힌다. 진주는 옛날부터 대규모 우시장이 있던 곳이어서 품질 좋은 소고기를 구하기 쉬웠다. 이 집은 진주 출신 시어머니의 손맛을 물려받은 며느리가 운영한다.

고춧가루 참기름 들기름 해초류를 진주에서 가져와 주인이 고추장과 간장을 담근다. 인공 조미료는 쓰지 않는다. 사골 국물로 지은 밥에 계절 나물과 신선한 육회를 얹고 마늘, 소고기, 홍합 간 것을 자작하게 끓인 탕과 함께 나오는 육회비빔밥(8000원)이 주 메뉴다. 고명으론 고사리 호박 숙주 무나물 얼갈이배추 해초 콩나물이 오른다. 채소는 볶지 않고 데친 다음 직접 담근 국간장으로만 맛을 낸다. 소고기국밥(6000원)도 인기 메뉴다. 양지와 내장으로 국물을 내 무, 콩나물, 고사리를 듬뿍 넣고 끓인다.

(02)515-4266 / 서울 강남구 신사동 627-17

두레

신선로 · 칠향계 … 전통에 현대감각 더한 한정식집

구절판 · 신선로 · 오이소박이

손경식 대한상공회의소 회장의 단골집

두레는 전통 한옥 양식의 가옥을 개조한 한정식집으로 인테리어부터 전통과 현대적 감각이 어우러지도록 꾸몄다. 50여년 전 밀양에서 시작해 1988년 인사동으로 자리를 옮긴 맛집이다. 개량 한복을 입은 종업원들이 내오는 단아한 상차림에는 파전부터 단호박 도토리묵, 각종 나물과 돌갓김치, 물김치, 오이소박이 등 김치 종류도 다양하다. 구절판과 신선로, 칠향계 등 쉽게 맛볼 수 없는 메뉴들도 있다. 두레정식으로는 작은 두레상(6만4000원), 큰 두레상(8만4000원), 으뜸 두레상(10만5000원), 두레 특별상(12만5000원) 등이 있다. 보다 간단한 점심 정식은 따로 있다. 다채로운 메뉴가 계절에 따라 바뀌어 오른다. 조미료를 쓰지 않아 정갈하고 담백한 맛이 특징이다. 그날 장을 봐온 재료로 요리해 항상 신선하다. 늘 같은 요리가 나오는 것이 아닌 만큼 특정 요리를 먹고 싶다면 전날 전화로 예약하고 미리 얘기해 두면 된다. (02)732-2919/서울 종로구 인사동 8-7 국제빌딩 1층

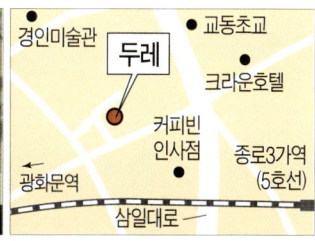

예향 삼성동

32년 남도음식 지킴이… 굴비정식·갈치조림 등 인기

병어조림 · 홍어삼합 · 낙지숙회

송승환 PMC프로덕션 대표의 단골집

서울 삼성동의 선릉역과 포스코사거리 사이에 있는 '예향'은 맛깔스러운 전라도 음식으로 유명한 한정식집이다. 광주 남동에서 17년, 서울에서 15년간 남도음식을 해온 전통 있는 집. 전라도 각지에서 올라온 신선한 재료를 사용한다. 낙지와 홍어는 무안, 꼬막은 벌교, 나머지는 주로 여수에서 올라온다. 인공조미료를 쓰지 않아 재료 본연의 맛이 그대로 살아 있다. 소고기를 얇게 저며 찹쌀옷을 입힌 뒤 달걀을 씌워 노릇하게 구워낸 육전(6만원)이 대표 메뉴다. 소스에 찍어 파무침 등과 함께 먹는다. 맛이 부드러우면서 고소하다. 굴비정식(3만9000원), 갈치조림, 병어조림도 인기 메뉴다. 홍어삼합(8만원)과 산낙지, 낙지숙회, 문어, 전복도 있다. 식사에는 여러 김치와 젓갈, 장아찌 등 10여가지 밑반찬이 나와 입맛을 돋운다.

(02)565-0033 / 서울 강남구 테헤란로63길 20

정가네 순두부

두부전골 · 보쌈 · 황새기구이 대표 메뉴

순두부 · 콩국수 · 생굴

송영길 인천시장의 단골집

인천 간석1동에 있는 순두부집으로 2004년에 문을 열었다. 두부전골과 순두부, 콩국수가 대표메뉴다. 두부전골 가격은 대 · 중 · 소 각각 3만4000원, 2만9000원, 2만4000원이다. 순두부와 콩국수 가격은 7000원. 국내산 콩으로 가마솥에서 직접 두부를 만든다는 게 음식점 주인인 양동섭 씨의 설명이다. 두부와 함께 곁들이는 보쌈수육(1만6000원) 맛도 일품이다. 대부분의 손님들이 '두부보쌈＋순두부' 세트 메뉴(2인 기준 2만원)를 찾는다고 한다. 바다물고기인 황새기(황강달이의 방언)구이도 손님들이 즐겨 찾는 메뉴다. 대개 황새기는 젓갈로 먹는데 이 음식점에선 구이가 유명하다. 황새기구이 14～18마리가 나오고, 가격은 1만7000원이다. 백령도에서 매일 가져오는 생굴(1만4000원)도 이 집의 자랑거리다. 2010년 인천 연수동에도 분점을 열었다.

(032)432-3517/인천 남동구 구월로115번길 22

우리집

정읍산 된장·고추장에 3년 묵힌 통배추 보쌈김치 '일품'

갈비찜·보리굴비·민어구이

신영무 대한변호사협회 회장의 단골집

통배추로 담근 보쌈김치와 산채나물을 기본으로 한 채식 위주의 남도 한정식집이다. 주재료와 된장 고추장 등 양념은 대부분 전북 정읍에서 직접 가져다 쓴다. 김치는 가을배추로 1년에 한 번 담가 놓았다가 3년간 숙성시켜 쓴다. 삼합에 들어가는 돼지고기는 토종만 고집하며, 백합은 부안산이다. 주메뉴는 정식이다.

  점심은 갈비찜정식(2만7000원), 보리굴비정식(2만7000원), 민어구이정식(3만원), 남도한정식(1만7000원,3만원) 등이 있다. 저녁은 진달래 한정식(4만5000원)과 민들레 한정식(7만원) 두 가지이며, 쫄깃한 간자미찜에 백합탕, 능이버섯, 갈빗살볶음, 연포탕 등 제철 음식이 더 나온다.

(02)379-1150 /서울 용산구 대사관로40

참복집

전남 청정해역서 재료 공수…담백한 복국물맛 '으뜸'

활어복지리 · 복소금구이 · 복요리전문

안택수 신용보증기금 이사장의 단골집

'참복집'은 마포 공덕동 신용보증기금 뒤편에 있다. 완도가 고향인 부부가 이곳에서만 22년째 영업 중인 복요리 전문집이다. 활어복지리(3만5000원)와 복소금구이(2만4000원)는 순수하고 담백한 맛으로 인기가 있다. 활어보양탕(3만5000원)은 전복 인삼 밤을 함께 넣은 보양식이다.

참복집이 자랑하는 맛의 비결은 음식의 간을 단맛 나는 소금으로 하는 데 있다. 전남 신안에서 천일염을 공수해 2년간 간수를 빼내면 소금에서 단맛이 난다고 한다. 복 소스는 전남 완도의 유자를 사용해 새콤한 맛을 내고, 식사로 나오는 복죽에는 고향 완도에서 직접 가져온 매생이를 쓴다. 밑반찬으로 나오는 아가미젓갈, 배추나물, 갓김치가 입맛을 돋운다.　(02)702-1953 / 서울 마포구 만리재로1길 14

그때그집

더덕 · 도토리묵에 맛깔난 산채나물 자랑

더덕구이 · 야채부침 · 산채한정식

안희정 충청남도지사의 단골집

'그때그집'은 충남 홍성군 홍성읍 월산리에 있는 산채정식집으로 2003년 문을 열었다. 내포신도시에 있는 충남도청과는 자동차로 10분 거리다. 이 집의 대표 메뉴는 산채한정식이다. 갖가지 나물반찬과 더덕구이, 도토리묵, 조기구이에 돌솥밥이 나온다. 다른 한정식집에 비해 상대적으로 저렴한 1만5000원에 맛볼 수 있다.

강원도 고지대에서 주인이 직접 채취한 오이꽃나물 등 청정 나물반찬은 이 집의 또 다른 자랑거리다. 한 가지 메뉴를 푸짐하게 즐기고 싶으면 더덕구이(2만원), 돌솥밥(1만2000원), 야채부침(1만원), 도토리묵(5000원)을 따로 주문할 수 있다. 좌석은 60석 규모. 충남도청이 지난해 말 내포신도시로 이전하면서 도청 직원들도 이곳을 자주 찾는다. (041)634-3214 /충남 홍성군 홍성읍 홍덕서로39-7

명선헌

아삭한 보김치에 남도 밑반찬 일품

보김치 · 산해진미세트 · 한정식 남도음식

오영호 KOTRA 사장의 단골집

오영호 KOTRA 사장이 즐겨 찾는 맛집은 서울 서초동에 있는 한정식집 '명선헌'이다. 김치 명인으로 유명한 최인순 대표가 광주광역시에서 운영하는 식당의 서울 지점이다. 유명한 메뉴는 보김치와 산해진미세트. 산해진미세트(3만3000원)를 주문하면 보리굴비 또는 간장게장이 계절 음식과 함께 나온다. 밑반찬으로는 삼색 나물, 조림, 낙지볶음, 병어 초무침 등 짜지 않은 남도 음식이 상을 가득 채운다. 접대용인 특산해진미세트를 주문하면 신선초 샐러드, 두릅 초무침과 흑산도 홍어회도 맛볼 수 있다. 가격은 1인분에 5만5000원.

보리굴비는 전통 방식대로 겉보리에 넣어 숙성시켜 깔끔한 질감이 일품이다. 최 대표가 광주에서 직접 담가서 가져온 보김치도 아삭함이 그대로 살아 있다. 이 집 김치는 미국 NBC에서 '한국 문화식품'으로 소개된 적이 있다. 지하철 3호선 양재역 1번 출구로 나와 삼성 서초트라팰리스 방향으로 꺾는다. 영동중 맞은편 원진빌딩 지하 1층~지상 1층에 있다. (02)587-2942 / 서울 서초구 서운로39

참숯골

사육농가서 직접 공수한 '1등급 한우'

한우갈비 · 영양돌솥밥

우리 구트만 주한 이스라엘 대사의 단골집

새로 지은 서울시청 오른쪽 길을 5분 정도 곧바로 가다 네거리를 건너면 체육회관 2층에 자리잡은 고깃집 '참숯골'의 간판을 볼 수 있다.

시내 한복판에 있어 인근 대기업 직원과 공무원들의 발길이 잦다. 2000년 6월에는 한국관광공사가 꼽은 '이달의 가볼 만한 식당'으로 선정됐다.

사육농가에서 직접 구매하는 1등급 한우를 쓰는 게 가장 큰 강점이다. 안창살과 생갈비(각 6만4900원 · 140g), 꽃등심(5만3900원), 양념갈비(5만2800원) 등을 많이 찾는다. 대추, 인삼, 콩 등이 들어가는 영양돌솥밥(1만3000원)도 직장인 실속파들에게 인기다.

오전 11시부터 오후 10시까지 문을 연다. 명절과 새해 첫날, 크리스마스를 제외하고 연중 무휴다.

(02)774-2100 / 서울 중구 무교로19

발우공양   사찰음식 체험관…'10바라밀상' 등 채식 코스요리 3종

능이죽 · 절집만두 · 버섯강정

원택 스님의 단골집

서울 조계사 길 건너편 템플스테이통합정보센터 5층에 있는 '발우공양'. 이름은 사찰의 전통적인 식사법에서 따온 것이다. 사찰음식의 기본적인 조리 원칙에 맞게 파 마늘 부추 달래 등 매운 맛을 내는 다섯 가지 채소(오신채)를 쓰지 않고 채식 요리를 코스로 낸다. 사찰의 일상 음식보다는 손님 상차림이나 특식에 가깝다.

   메뉴는 죽부터 후식까지 각각 10, 12, 15가지로 이뤄진 10바라밀상, 12법륜지상, 15깨달음상의 세 가지다. 메뉴 형식은 같지만 내용은 계절식으로 다양하다. 샐러드, 탕, 전 등이 한두 달마다 바뀐다. 인기 메뉴인 버섯강정은 빠지지 않는다.

   10바라밀상은 능이죽, 신선채소 뿌리샐러드, 삼색전, 절집 만두에 고추소스를 곁들인 계정혜삼합, 버섯강정, 마 · 단호박 · 견과류와 고소한 들깨를 넣은 사찰 보양탕, 연잎밥, 국과 찬, 과일칩 · 감자칩 · 부각과 음료를 곁들인 후식 순으로 나온다. 2만5000원. 여기에 5년근 장뇌삼과 마구이, 연과채와 연근삼색찜을 더한 12법륜지상은 3만6000원.   (02)733-2081/서울 종로구 우정국로56

동해가진항

동해 가진항서 횟감 직송 … 새콤한 물회 '별미'

동해 특선 자연산 회

유상호 한국투자증권 사장의 단골집

'동해 가진항'은 서울 연희동 교차로 부근에 있다. 10년 넘게 강원 고성군 가진항 회센터에서 영업을 해 온 유명 횟집이나 단골손님들의 요청으로 지난해 서울로 이사해 왔다. 매일 동해에서 갓 잡아 올린 신선한 횟감을 가진항에서 바닷물과 함께 직송해 온다. 그 날 잡은 생선만 상에 올린다는 게 동해 가진항 사장의 철칙. 100% 동해 특선 자연산 회는 물론 회무침 물회 매운탕까지 모두 맛볼 수 있다. 잡어 오징어 전복 등 갖은 해산물과 채소, 매콤한 양념육수와 함께 국수를 말아먹는 물회가 이 집의 별미. 회정식은 버금(5만원, 1인 기준), 으뜸(7만원), 수라(10만원)로 나뉘며, 매운탕 물회 회무침은 각각 1만5000원.

(02)334-3399 / 서울 서대문구 연희로60

행복한 마음

전남 향토음식 전문점 … 젓갈·장아찌 인기

진석화젓·굴비장아찌

윤경희 맥쿼리증권 회장의 단골집

전라남도 향토음식 전문점이다. 주 요리는 젓갈과 장아찌다. 남도 음식 특유의 삭히고 절인 맛이 일품이라는 게 이집 가게주인의 설명이다. 자연산 굴을 간장에 10번 이상 졸여 3개월 발효시킨 진석화젓과 굴비를 고추장에 삭힌 굴비장아찌 등이 인기가 많다.

서울 통의동에 자리잡은 지 14년째다. 직접 주말농장에서 재배한 싱싱한 채소와 인천 어시장에서 공수해온 해산물을 재료로 쓴다. 메뉴는 점심·저녁 정식이 있다. 계절에 따라 국, 찌개, 생선구이가 다르게 나온다. 점심 정식은 1인분에 3만5000원, 저녁 정식은 7만원이다. 영업시간은 낮 12시~오후 2시, 오후 6시~10시30분이다. (02)733-0995 / 서울 종로구 자하문로6길 12-18

예촌

서울서 즐기는 고향의 맛 … 해물순두부 등 찌개류 '담백'

시골된장찌개 · 해물순두부 · 콩비지

윤윤수 휠라글로벌 회장 · 조환익 한국전력공사 사장의 단골집

서울에서 시골의 맛을 느낄 수 있는 대표적인 토속 한정식집이다. 스스로 숨을 쉰다는 장수 곱돌로 오색약수돌솥밥을 지어준다.

10가지 이상의 푸짐한 밑반찬도 맛깔나고 시골된장찌개, 해물순두부찌개, 곱창김치찌개, 콩비지 등 찌개류가 담백하다.

죽 물김치 탕평채 샐러드 해물겨자채 잡채 전유화 불고기 북어구이 오색약수돌솥밥 등을 내놓는 점심특선은 1인당 1만5000원, 여기에 3000원을 보태면 매운 닭요리까지 맛볼 수 있다. 명절 당일만 쉬고 오전 11시부터 오후 11시30분까지 연중 무휴. 방 5개를 포함, 총 120석이 마련돼 있다. 양재역 1번 출구로 나와 하나은행과 금강제화 사이 도로를 30m 걸어가면 오른편에 있다.

(02)525-0987 / 서울 서초구 서운로12-1

코리아하우스

코냑에 숙성한 한우등심 인기메뉴
코냑 숙성 한우등심 · 육사시미 · 한우 및 전통음식

윤홍근 제너시스BBQ 회장의 단골집

코리아하우스는 서울시가 지정한 자랑스러운 한국음식 업소로, 한우 및 한국 전통음식 전문점이다. 4인석에서 50인석까지 다양한 규모의 25개 프라이빗 룸은 비즈니스 장소로 인기다. 외국인 바이어에게 한국 전통음식을 소개하는 장소로도 유명하다.

점심에는 숯불구이 정식, 갈비찜 정식, 보리굴비 정식 등 3종을 선보인다. 특히 냉녹차에 밥을 말아 먹는 보리굴비 정식이 별미다. 보리굴비 정식, 숯불구이 정식은 각각 3만3000원이다. 저녁 요리로는 자연산 세꼬시, 전복사시미, 전복된장구이, 전복버터구이, 독천낙지, 육사시미(국내산 한우), 육회(국내산 한우), 모둠전, 녹두전 등을 내놓는다. 이 집만의 독특한 메뉴도 있다. 전남 화순에서 매일 신선한 상태를 유지해 제공하는 육사시미가 대표적이다. 코냑으로 숙성해 맛을 살린 코냑등심은 코리아하우스만의 인기메뉴다. 가격은 코냑등심 9만원, 스페셜등심 5만5000원, 생갈비 6만1000원, 양념갈비 6만3000원이다.

(02)543-8888 / 서울 강남구 압구정로79길 56

청담1막

신개념 막걸리바 … 안주로 '매운 짬뽕 수제비'

퓨전주점, 매운 짬뽕 수제비 · 팬 프라이 가지 차돌박이

방송인 이경규의 단골집

'신개념 프리미엄 막걸리바'를 표방한 퓨전 주점으로, 내부에서 패션쇼를 열기도 할 정도로 현대적 느낌의 인테리어를 갖췄다. 대표 막걸리인 '하얀 연꽃 생막걸리'는 이름처럼 희고 고운 빛깔이다. '배다리 생막걸리'는 진한 맛을 좋아하는 주당들에게, '자색 고구마 막걸리'는 여성들에게 인기가 좋다. 막걸리 가격은 300ml 7000원, 550ml 1만2000원, 800ml 1만5000원 선이다.

대중의 편견을 깨는 퓨전 막걸리 안주도 별미다. 폰즈와 숙주를 곁들인 닭튀김 '갈릭 유린기'(1만7000원), 구운 가지와 파인애플을 가미한 차돌박이 구이 '팬 프라이 가지 차돌박이'(1만1000원), 해물 육수로 맛을 낸 얼큰한 속풀이 수제비 '매운 짬뽕 수제비'(1만5000원) 등이 인기다.

서울 논현동 학동사거리 한복판, CGV청담씨네시티 맞은편 베니건스 건물 4층에 있다. 단체 손님을 위한 룸이 2개 있다. 영업시간은 오후 5시~오전 2시. 일요일은 쉰다. (02)548-5529 /서울 강남구 도산대로334

오정

싸리 · 능이 재료 자연산 버섯찌개 대표 메뉴
10여가지 나물에 자연산 버섯찌개

이시종 충청북도지사의 단골집

충북 청주시 상당구 서운동에 있는 자연산 버섯찌개집이다. 옛 법원사거리에서 일신여고 방향으로 가다 보면 서운동 성당이 있고 음식점은 성당 맞은편 도로가에 있다. 1980년 문을 열었으며 처음에는 두부와 막걸리를 팔다 1995년부터 버섯찌개를 시작했다. 이 음식점은 자연산 버섯찌개가 대표 메뉴다. 버섯찌개는 1인당 2만원. 버섯은 주인 오정재 씨 언니가 충북 보은에서 직접 따 보내준다. 수확철인 7~8월에 딴 버섯을 소금에 절인 후 냉동·냉장하지 않고 그늘에 충분히 말린 다음 손님이 올 때마다 그때그때 밥상에 올린다. 버섯찌개는 싸리버섯, 밀버섯, 밤버섯, 능이버섯만을 재료로 사용한다. 이 집의 또 다른 특징은 10여가지 나물이다. 인근 전통시장에서 국내산을 확인한 후 밑반찬으로 올린다. 뽕잎나물을 비롯해 홑잎나물, 취나물, 고사리, 호박고지 등을 직접 담근 된장과 버무려 입맛을 당기게 한다. 장소가 협소해 예약제로 운영한다. 충북도 기관장들이 손님을 맞을 때 자주 이용하고 있다.

(043)257-6726 /충북 청주시 상당구 대성로44-2

갯마을

천연재료로 만든 담백한 만두맛

만둣국, 떡만둣국, 찐만두, 한우 수육, 녹두부침

이장석 넥센 히어로즈 대표의 단골집

서울 이촌동에 있는 만두 전문점 '갯마을'은 지하철 4호선과 중앙선의 이촌역 3번 출구에서 걸어서 5~10분 거리에 있다.

이촌동의 아파트 단지 가운데 신용산초등학교 맞은편에 있는 한강맨션아파트 단지 31동 1층 상가에서 갯마을의 간판을 찾을 수 있다.

조미료를 넣지 않고 천연 재료로 만든 담백한 맛의 만두가 일품이다. 자극적이지 않고 끝 맛이 담백한 만두 맛에 매료된 이촌동 주민들이 자주 찾는 맛집이다.

주요 메뉴는 만둣국과 떡만둣국(이상 9000원), 14개의 찐만두가 나오는 접시만두(8000원)다. 만둣국과 함께 한우 수육(3만9000원)과 녹두부침(7000원)을 곁들여 먹는다. 오전 9시부터 오후 9시까지 운영하며 연중무휴다.

(02)798-5655 / 서울 용산구 이촌로248

선비식당

얼큰한 생갈치찌개에 빈대떡 일품

생갈치찌개 · 빈대떡 · 단팥죽

이장호 BS금융지주 회장의 단골집

무, 배추 등 직접 재배한 10여가지 채소와 미역, 파래, 톳, 몰 등 부산 기장 앞바다에서 난 해초로 식단을 꾸린 한식집. 도예가 고(故) 토암(土岩) 서타원 선생의 부인이 운영하고 있다. 암 투병을 했던 서 선생을 위해 부인이 만들기 시작한 자연식으로 유명하다. 조미료를 전혀 사용하지 않아 깔끔한 맛을 낸다. 된장 고추장까지 주인이 손수 담근다. 부산 기장군 대변리 '토암도자기공원' 내에 자리잡고 있다. 대변항을 내려다보며 먹는 얼큰한 생갈치찌개와 좁쌀막걸리에 제격인 빈대떡이 일품이다. 서 선생이 빚은 수천개의 토우(土偶·흙으로 만든 인형)들이 식당 주변을 감싸고 있어 식사 후 산책하기에도 좋다. 인테리어는 수수하지만 맛집으로 소문나 명사들이 많이 찾는다. 생갈치찌개는 2만4000원, 정식은 1만2000원이다. 빈대떡(1만5000원)과 단팥죽(6000원)도 저렴하게 먹을 수 있다. 설과 추석을 빼곤 연중 내내 문을 연다. 영업시간은 낮 12시부터 오후 9시까지다.

(051)721-2231 / 부산 기장군 기장읍 대변로107-27

용금옥

서울식 추탕 전문 … 유명인 자주 찾아

추어탕 · 추어튀김 · 버섯육개장

이재후 김앤장 대표변호사의 단골집

1932년 문을 열었다. 서울식 추탕을 내는 몇 안 되는 추어탕 전문점이다. 서울 통인동 용금옥은 다동 용금옥에 시집온 며느리 한정자 씨가 분가해 차렸다. 한옥 등 옛 분위기를 그대로 간직하고 있어 추억에 목마른 유명 인사들이 많이 찾는 곳이다. 서울식 추탕은 미꾸라지를 통으로 넣는 것이 특징이지만 요즘은 젊은층의 입맛에 맞춰 미꾸라지를 갈아 넣는다. 통미꾸라지를 원할 경우 따로 주문하면 된다. 사골로 육수를 낸 뒤 각종 버섯과 유부 두부 대파 등 10여가지 식재료에 고춧가루를 넣어 얼큰하면서도 담백한 맛이 특징이다. 미꾸라지를 갈아 우거지 된장 등과 함께 끓여내는 남도 추어탕은 맛이 구수하다. 버섯육개장을 비롯해 모두 1만원이다. 통미꾸라지를 더 맛보고 싶으면 추어튀김을 시키면 된다. 간판에 쓰인 용금옥(湧金屋) 옥호는 이 집의 오랜 단골인 신영복 교수의 작품이다. 영업시간은 오전 11시 30분~오후 10시. 일요일은 쉰다. 미리 예약하는 게 좋다.

(02)777-4749 / 서울 종로구 자하문로41-2

충무호동복집

통영서 수산물 매일 공수…복국 인기

복국 · 멍게비빔밥 · 잡어회 · 아귀수육

이채욱 인천공항공사 사장의 단골집

60년 전통의 충무호동복집은 통영에서 매일 공수해온 자연산 횟감 등 싱싱한 해산물로 유명하다.

주메뉴인 복국(1만2000원)은 신선한 졸복과 미나리, 콩나물을 넣어 시원하고 담백하게 조리해서 뚝배기에 담아 내온다. 점심 때 단연 인기다. 복국과 함께 먹는 멍게비빔밥 세트 메뉴(1만7000원)도 별미다. 1년간 숙성시킨 멍게와 김, 들기름을 함께 비벼 먹으면 멍게 특유의 향으로 남해바다의 분위기가 느껴진다.

싱싱한 자연산 광어와 숭어, 뽈락, 방어, 가오리 등을 투박하게 썰어 내는 산지 직송 잡어회(대 10만원, 중 7만원, 소 5만원)에 겨울철 별미로 아귀의 간, 내장, 껍질 등을 꼬들하고 담백하게 삶은 아귀수육(7만원, 10만원)도 입맛을 돋운다. 식당 주인 추선희 씨(63)는 통영시 서호동에서 60년째 복요리 전문식당인 호동식당을 운영하는 전옥선 씨의 맏딸로 18년 전 이곳에 서울 분점을 냈다.

(02)2691-6300~1 / 서울 강서구 화곡로53길 10

진주청국장

덜 짜고 고소한 맛 '일품'…선찬 메뉴는 '한상 가득'

청국장 · 간장게장 · 보쌈 · 가오리찜

이토키 기미히로 소니코리아 사장의 단골집

1986년 진주에 처음 문을 열어 서울 여의도를 거쳐 현재 서초동에 있는 25년 전통의 청국장 전문점이다. 양재역 1번 출구에서 멀지 않으며 외교안보연구원 맞은편 원효빌딩 지하 1층에 자리하고 있다. 메뉴로는 청국장 단품(7000원)을 비롯해 한정식 메뉴인 정찬(1만3000원), 선찬(1만9000원), 삼합정식(2만2000원) 등이 있다. 선찬 메뉴를 주문하면 간장게장, 노랑호박전, 보쌈, 야채쌈, 오색나물, 모둠전, 가오리찜, 청포묵 등 한상 가득 잘 차려진 찬들과 청국장, 된장 중에 하나를 선택해 식사할 수 있다. 찬은 메뉴와 당일 사정에 따라 조금씩 달라진다.

진주청국장의 청국장은 국산 콩을 사용하며 일반 청국장과 서리태 청국장 중 선택할 수도 있다. 다른 곳에 비해 덜 짜고 고소한 맛이 일품이다. 심혈관계 질환 예방에 좋을 뿐 아니라 다이어트 식품으로도 유명한 청국장에 염도까지 낮춰 더욱 인기다. 일반 청국장집과 달리 깔끔하게 차려져 보다 고급스러운 느낌을 준다.

(02)525-6919 /서울 서초구 서초2동 1365-22

안동국시 종로

헛제삿밥에 문어 숙회 · 국시 등 '안동의 맛'

빈대떡 · 모둠전 · 문어

이희범 한국경영자총협회 회장 · 조준희 기업은행장의 단골집

안동국시집은 '작은 안동'이다. 헛제삿밥과 문어, 한우 사골 육수의 진한 맛이 일품인 안동국시 등 경북 안동 사람들이 즐겨 먹던 전통 음식들이 한아름이다. 안동이 고향인 사람들의 발길이 잦을 수밖에 없다. 식사는 물론 요리, 반찬까지 모두 국내산 식재료만 고집한다. 지난 5년간 원재료 가격 상승에도 불구하고 합리적인 가격을 유지하고 있다. 안동국시, 안동국밥, 묵밥, 황태정식 등 식사류는 모두 7000원이다. 안주류로 빈대떡은 8000원, 모둠전은 1만2000원, 문어는 3만원이다. 이희범 한국경영자총협회 회장과 인터뷰한 곳은 안동국시 3호점이다. 서울 종로2가의 YBM어학원 골목으로 30m가량 들어가면 왼편 건물 2층에 있다. 이 회장이 3호점을 선호하는 이유는 이곳에 단체손님이 앉을 수 있는 방이 많기 때문이다.

   1호점은 광화문우체국 옆 한국무역보험공사빌딩 지하, 2호점은 종로구 수송동 국세청 앞 이마빌딩 지하에 있다. 평일 영업시간은 오전 9시30분부터 오후 10시까지다. 일요일과 공휴일은 쉰다. (02)2277-6131 / 서울 종로구 종로16길 13

용수산 아크로비스타점

개성식 청포묵무침 일품
정통 개성 한식, 보쌈김치 · 청포묵무침 · 불고기

임영록 KB금융지주 회장의 단골집

용수산 아크로비스타점은 서울지하철 2호선 교대역 부근에 있다. 서울 삼청동에 1980년 처음 문을 연 용수산은 정통 개성 한식점으로 유명하다. 아크로비스타점은 2004년 문을 열었다. 코스 요리 중심인 메뉴를 탈피해 돌솥비빔밥, 갈비탕 등 9000원에서 1만4000원에 이르는 단품 메뉴를 파는 등 더 대중화한 게 특징이다.

대표 메뉴인 보쌈김치는 밤 · 대추 · 감 등을 넣어 익힌 맛이 시원하다. 개성 채나물과 개성식 청포묵무침, 불고기 등은 담백하면서도 맛깔스럽다. 인테리어도 분위기가 있다. 벽과 창, 천장 등의 장식은 창호지를 써 은은한 느낌을 준다. 집에 온 손님에게 독상을 차려내 예우한 개성상인의 전통에 따라 김치 신선로 등을 개인 분량으로 만들어 제공하는 점이 신선하다. 단품 메뉴는 1만원대, 코스는 2만2000원부터 종류에 따라 값이 올라간다. (02)591-9674 / 서울 서초구 서초중앙로188

한국회관

청정 한우 생고기 전문점 … 서래마을 '명소'
생고기 · 버섯불고기 · 갈비탕 · 선지해장국

장마리 아르노 사노피아벤티스코리아 사장의 단골집

한국회관은 생고기 전문점이다. 매일 전국에서 도축해 배송되는 청정 한우만 밥상에 올린다고 한다. 식당 바로 앞 마을버스 정류장 이름이 '한국회관'일 정도로 서래마을에선 입지를 굳히고 있다.

　꽃살 꽃생등심 갈비안창 등 생고기에서 육회, 생갈비까지 다양한 메뉴가 있다. 특히 기름기를 뺀 담백하고 깔끔한 육수와 연하고 부드러운 갈비가 들어간 갈비탕은 남녀노소 모두가 찾는 히트 메뉴다. 보통 음식점들이 살이 별로 없는 조그만 갈비 몇 점을 넣은 채 '갈비탕'이라고 팔기 일쑤지만, 한국회관 갈비탕엔 큰 갈빗대가 큼지막한 뚝배기에 반쯤 걸쳐 나온다. 버섯불고기 야채비빔밥 선지해장국 등도 결코 맛이 뒤지지 않는다. 남도 시골에서 공수되는 묵은지와 칼칼하고 진한 맛의 된장찌개도 일품이다. 서래마을 입구 육교에서 이수교 방면으로 250m가량 올라가면 보이는 2층집 건물이다. 갈비탕 1만원, 꽃등심 1인분 3만8000원, 생갈비 1인분 5만5000원. (02)595-3355 /서울 서초구 사평대로18길 10

위대한밥상 영광

병어찜에 삼합 · 메로구이 등 푸짐
토속한정식집, 갈치구이 · 보리굴비

장인수 오비맥주 사장의 단골집

토속한정식집 '위대한밥상 영광'의 요리는 양념을 찾기 힘들다. 통통한 갈치구이는 은빛을 간직하고 있고 꼬막과 전복도 생살 그대로 익혀 나온다. 부족한 간은 병어구이와 간장게장으로 맞춘다. 보리굴비와 시원한 녹차로 입을 씻는다. 강렬한 절정을 향해 내닫는 일반 코스요리와 달리 시종일관 부드러운 맛이 이어진다.

그래서 속이 불편하거나 입맛이 까다로운 사람도 자주 찾는다. 가톨릭병원, 산업은행, 금융감독원 임직원과 몇몇 국회의원이 단골이다. 서울 강남 교보타워 뒤편에 자리잡고 있다. 10년 전 문을 열었고, 지난해 맞은편 건물 지하로 옮겼다. 룸으로 구성돼 조용히 대화하며 요리를 즐길 수 있다. 수산물은 냉동이 아닌 생물만 쓴다. 이른 새벽 가락시장에서 신선한 재료를 실어온다. 삼합, 단호박죽, 병어찜, 메로구이, 해물낙지볶음, 찌개, 알배기간장게장, 굴비로 구성된 코스가 4만3000원. 보리굴비, 갈치구이, 생물전복 중 한 가지를 추가하면 5만원. 세 가지 모두 추가하면 7만원이다.   (02)3482-6622 / 서울 서초구 서초대로73길 58

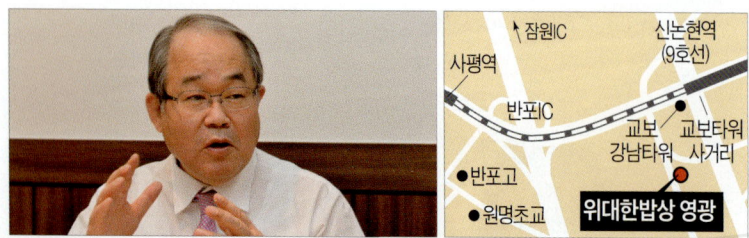

마울

제주산 말고기 전문점… 사시미·등심구이 인기 메뉴

말뼈사골곰탕·말육회비빔밥

장태평 한국마사회 회장의 단골집

서울 잠실의 삼전사거리 옆에 있는 마울(옛 제라한)은 제주산 말고기 요리를 맛볼 수 있는 전문점이다. 메뉴는 10여가지. 말고기를 처음 접하는 사람들은 죽부터 사시미, 육회, 육초밥, 수육, 갈빗살구이, 샤부샤부, 칼국수까지 다양한 요리가 차례로 나오는 제라코스(6만원)를 많이 찾는다. 제라코스에서 육초밥이 빠지고 갈빗살 대신 등심구이가 나오는 한라코스(5만원)도 인기다. 말고기를 좋아하는 마니아층엔 사시미(3만2000원)와 등심구이(3만2000원)가 인기다. 말뼈로 만든 사골곰탕(7000원)이나 육회비빔밥(1만원) 등 간단한 식사 메뉴도 따로 있다. 제주도 장전목장에서 2세까지 방목한 말을 사용해 육질이 좋고 건강에 좋은 불포화지방산이 많다. 홍만재 마울 서울지점장은 "소고기가 고소하다면 말고기는 부드럽고 담백하다"며 "건강을 생각하는 사람들에게 인기"라고 말했다. 삼전사거리 잠실관광호텔 옆에 있다. (02)417-1950 / 서울 송파구 백제고분로187

예향 역삼동

한식에 양식 접목한 숯불구이 꽃등심스테이크 유명

소고기구이전문점, 양구이 · 차돌박이

정영균 희림종합건축사무소 사장의 단골집

서울 역삼동 경복아파트 사거리 스포월드 뒤편에 있는 '예향'은 한식과 양식을 접목한 숯불구이 등심 스테이크가 유명하고 고기와 곁들여 즐길 수 있는 와인도 준비돼 있다. 예향의 대표 메뉴인 숯불구이 꽃등심 스테이크는 두께가 3cm에 가까운 큼직한 등심을 테이블 위 숯불에 적당히 구워 가위로 잘라 먹는다. 꽃등심 스테이크의 가격은 16만원이지만 양이 많아(400g) 2~3명이 배부르게 먹을 수 있다. 1인분만 주문하면 5만5000원. 묵은 김치와 함께 나오는 차돌박이도 별미다. 고기 요리 외에도 보리굴비, 고기전, 된장 등 다양한 요리를 맛볼 수 있다. 술을 포함해 1인당 8만~10만원에 식사를 할 수 있다. 점심 세트 메뉴는 더 저렴하다. 예향은 6명이 앉을 수 있는 작은 방부터 10명이 넘게 들어가는 큰 방까지 모두 10개의 방으로 이뤄졌다. 고기 등 식재료를 신선하고 좋은 것만 사용한다고 한다. 사장이 매일 새벽에 직접 가락동 농수산물시장에서 채소와 양념 재료 등을 구입한다.

(02)566-0043 / 서울 강남구 언주로107길 7

달항아리

양식 스타일의 한식당 … 담백하고 깔끔한 뒷맛
퓨전한식당, 문어숙회·간장게장·잡채·낙지볶음

영화감독 정지영의 단골집

'달항아리'는 변형 한식당이다. 샐러드 등 서양식 음식이 섞여 있고 음식이 순서대로 나온다. 찬 메뉴와 따뜻한 음식들을 고유 형태로 즐길 수 있다. 담백하고 뒷맛이 깔끔하다. 전채요리인 토마토 샐러드는 토마토에 올리브오일을 살짝 버무렸다. 문어숙회도 싱싱하다. 동해안 영덕에서 잡은 문어를 현장에서 쪄서 급속 냉동해 직송해왔다고 한다. 차돌박이 구이는 파무침과 곁들여 먹는다. 다른 식당들처럼 겨자나 된장 소스를 바르지 않았다. 차돌박이 구이의 고소한 맛을 살리되 파무침으로 느끼함을 줄여준다. 제주도에서 가져온 반건조 옥돔구이도 간이 적당하게 배어 있다. 계절에 따라 깻잎전이나 부추전 등을 곁들이기도 한다. 이것들에도 기름을 적게 쓴다. 이런 메뉴들을 종합한 한상차림 메뉴는 1인분에 3만원. 여기에 간장게장과 잡채 낙지볶음 등을 추가한 항아리 정식은 4만5000원이다. 간장게장도 '강추'할 만하다. 비린내가 없으며 짜지 않고 맛이 풍부하다. 게를 찔 때 채소를 섞어 맛을 냈기 때문이다.

(02)737-7902 /서울 종로구 팔판길 42

고향집

담백한 황태구이 · 수육 보쌈 인기
다른 식당에서 보기 힘든 파무침 황태구이

최광식 문화체육관광부 장관의 단골집

서울 논현동에 있는 '고향집'은 1986년 개업 이래 한자리에서 영업 중이다. 강남에서도 맛에 비해 가격이 저렴한 식당이라는 게 장수 비결이다. 1인당 2만원 안 팎이면 한 끼 식사를 즐길 수 있다. 보쌈과 황태구이 등은 3~4인용에 3만원, 2만7000원이다. 모든 음식에 조미료를 거의 사용하지 않고 재료 맛을 살린다. 그래서 맛이 강하지 않고 담백하다. 만두는 하루 두 차례 빚어 신선하다. 돼지고기와 호박 당근 양파 등을 다져 넣어 고소하다. 제육보쌈은 돼지고기 사태 부위를 삶아 무채, 배추 절임과 함께 내놓는다. 돼지 냄새를 제거했고 굴을 넣어 무친 무채가 식감을 향긋하게 돋워준다. 수육보쌈은 소고기 양지 부위를 주로 쓴다.

파무침 황태구이는 다른 식당에서는 보기 어렵다. 파의 상큼한 맛이 황태의 담백함과 잘 어우러진다. 생면에다 황태 육수로 우려낸 칼국수의 국물 맛도 시원하다. 낙지볶음과 소면 또한 짜지 않고 균형 잡힌 양념 맛을 자랑한다.

(02)543-6363 /서울 강남구 언주로134길 20

강릉동치미막국수

동치미막국수 일품

수육 · 통문어 · 막국수

최문기 미래창조과학부 장관의 단골집

'강릉동치미막국수'는 2005년 경기 과천시에 문을 연 맛집이다. 가게 입구에는 강원도 지도가 크게 걸려 있어 마치 동해에 와 있는 느낌을 준다. 강릉 출신의 최양희 사장은 30년 전 강릉에서 '삼교리 동치미' 집을 운영하는 친한 친구로부터 분가해 과천에 식당을 열었다.

    수육, 통문어, 막국수 등이 대표 음식이다. 수육은 암퇘지 고기로 만들어 부드러운 맛을 내고 통째로 삶은 문어는 쫄깃한 맛이 일품이다. 메밀로 직접 뽑은 면발에 인공 조미료를 사용하지 않은 동치미 국물로 만든 동치미 막국수는 가장 인기있는 메뉴다. 최문기 장관 외에도 조순 전 부총리, 강만수 전 산은금융지주 회장, 윤증현 전 기획재정부 장관, 안철수 의원, 황교안 법무부 장관, 방하남 고용노동부 장관 등 유명인사들이 즐겨 찾는다. 동치미막국수(7000원), 비빔막국수(7000원), 수육(대 · 2만3000원), 통문어(대 · 3만5000원).

(02)503-1199 / 경기 과천시 구리안로83

마포나룻터

횡성한우의 양만 사용 … 25년 전통

양구이 · 보리굴비

최삼규 대한건설협회 회장의 단골집

서울 용강동 먹자골목에 있는 마포나룻터는 25년 전통을 가진 맛집이다. 양구이와 보리굴비로 유명하다. 양은 소의 첫 번째 위다. 소 한 마리에서 2인분밖에 나오지 않을 정도로 귀하다. 소의 4개 위 가운데 구워 먹기 알맞은 부위다. 콜레스테롤이 거의 없고 육질이 부드러우며 소화도 잘된다.

마포나룻터는 횡성 한우의 양을 고집하고 있다. 워낙 귀한 탓에 재료를 확보하는 것 자체가 전쟁이다. 박 사장은 "양과 곱창을 찍어 먹는 소스와 각종 밑반찬을 만들 때 들어가는 소금이 맛의 비법"이라고 귀띔했다. 소금은 전남 신안에서 직접 가져와 4~5년을 묵힌 뒤 사용한다. 성분의 70%가 사과인 양구이 소스는 달면서 감칠맛이 난다. 양구이를 숯불에 살짝 구워 소스에 찍어 먹는다. 양을 구워 먹고 나서 밥과 곁들여 먹는 보리굴비는 법성포산(産)이다. 3개월간 바닷바람을 맞힌 뒤 보리쌀 항아리 속에 넣어 말린 굴비로 현지 납품처에서 해마다 1만마리를 사들인다.

(02)715-1255 / 서울 마포구 마포대로1길 16

남도복집

전라도 향토음식 전문점 … 다양한 복요리
참복지리 · 매생이복국 · 연포탕 · 홍어애탕

최수현 금융감독원장의 단골집

서울 여의도 유진빌딩 지하에 있는 남도복집은 전라도식 향토음식을 전문으로 하는 곳이다.

　복집인 만큼 복국 복매운탕 복찜 복튀김 복전 등 복 메뉴가 다양하다. 홍어요리(홍어삼합 홍어찜 홍어전 홍어애탕), 낙지요리(연포탕 산낙지 낙지초무침 낙지찜) 등도 별미를 자랑한다. 계절에 따라 굴 · 참꼬막 · 매생이 등도 주문할 수 있다. 홍어삼합에 들어가는 묵은지는 전남 해남에서 수확한 배추로 담가 2년 동안 숙성했다. 짭짤한 감칠맛이 좋다.

　복국이나 탕, 죽 등의 가격이 1만원 미만으로 비교적 저렴해 직장인들이 많이 찾는다. 참복지리와 탕은 2만5000원, 그냥 복지리와 탕은 1만9000원이다. 이 밖에 낙지비빔밥, 매생이굴국, 매생이복국, 홍어애탕 등 해남 특유의 요리를 적당한 값에 풍성하게 즐길 수 있다.　　(02)784-2077 / 서울 영등포구 여의나루로67

일미칼국수

소고기 육수에 얇은 면발…궁중비법 살려내

소고기육수 · 칼국수

최양하 한샘 회장의 단골집

12시간을 우려낸 소고기 육수에 얇은 면발과 김 고기 호박 계란 등을 고명으로 올린 칼국수집이다. 궁중 비법을 그대로 재현했다고 한다.

   일반적으로 접할 수 있는 굵은 면발의 칼국수가 아니다. 면발이 마치 기계로 뽑아낸 국수처럼 얇다. 아버지의 뒤를 이어 아들이 직접 면발을 손으로 뽑는다. 38년째 이곳에서 영업 중이다. 나이 지긋한 30년 단골도 많다고 한다.

   칼국수(8000원)와 국물이 없는 칼국수인 건짐국수(9000원)가 주 메뉴다. 북어찜(8000원)과 오징어볶음(8000원) 등도 있지만 메뉴가 단출한 편이다. 저녁 시간에는 국내산 최고 부위를 사용하는 삼겹살(1인분 1만3000원)이 메인 메뉴다.

(02)593-9924 / 서울 서초구 방배중앙로167

고가

전라도 전통 한정식 … 10년 숙성 간장게장 '군침'
남도음식 10년 숙성 간장게장 · 벌낙지구이 · 궁중떡갈비

최종일 아이코닉스 대표의 단골집

분당 고가(古家)는 17년된 전라도식 전통 한정식집이다. 주요 메뉴는 간장게장과 벌낙지구이, 궁중떡갈비 등 세 가지다. 그중 으뜸은 10년 숙성 간장에 5~7일 담가 만든 게장이다. 게는 5월20일부터 말일까지 잡히는 오사리게만 쓴다. 알이 가장 많고 껍질도 단단할 때 잡은 게들이다. 윤정숙 고가 대표는 "껍질이 단단해 장에 오래 담가도 알과 살이 녹아내리지 않는다"고 설명했다. 4명이 먹을 수 있는 간장게장 한 마리에 4만5000원.

전남 고흥과 강진에서 바로 올라온다는 벌낙지는 숯불에 살짝 구워내 양념없이 그냥 먹는다. 초장을 찍으면 낙지 고유의 맛을 느낄 수 없다는 것. 정식 가격은 2만5000원부터 12만원까지 다양하다.

(031)707-5337~8 / 경기 성남시 분당구 새마을로51번길 5-1

마포본가

달짝지근한 양념 돼지갈비 일품

숯불돼지갈비 · 양념통갈비살 · 생통갈비살

프랑수아 프로보 르노삼성자동차 사장의 단골집

프랑수아 프로보 르노삼성자동차 사장이 즐겨 찾는 맛집은 서울 방배동에 있는 숯불 돼지갈비 전문점 마포본가다. 두껍고 통통한 갈비살에 달짝지근한 양념이 배어 육즙이 살아 있다. 메인 메뉴인 국내산 마포돼지갈비(250g)는 1인분에 1만2000원. 미국산인 양념통갈비살(150g)과 생통갈비살(120g)은 각각 1만3000원, 1만4000원이다. 공기밥(2000원)을 시키면 된장찌개가 따라 나온다. 된장찌개는 잘게 썬 돼지고기와 양파, 호박, 두부를 듬뿍 넣고 팔팔 끓여내 진한 맛을 낸다. 밥에 비벼 먹으면 맛있다. 누룽지(4000원)와 물냉면(5000원)도 있다. 물냉면은 살얼음을 동동 띄운 매콤한 육수에 쫄깃한 면발, 고명으로 얹은 오이와 무김치가 시원한 맛을 자랑한다. 고기를 먹은 후 입가심하기에 좋다. 사당역 11번 출구로 나와 파스텔시티 뒤편 공영주차장을 지나 식당가 첫 번째 골목에서 왼쪽으로 들어가면 된다. 가정집을 개조한 1, 2층 공간에 단체 예약이 가능한 룸이 갖춰져 있다.

(02)525-5392 / 서울 서초구 방배천로4길 15-3

토담골 논현동점   인공조미료 쓰지 않는 한정식…'열무된장비빔밥' 별미
더덕구이 · 불고기 · 도토리묵 · 해물파전

한덕수 한국무역협회 회장의 단골집

'토담골' 논현동점은 서울 논현동 경복아파트 사거리 인근에 있다. 한정식은 물론이고 돌솥에 곱창 냉이 김치 등을 넣어 끓인 김치찌개와 부드러운 돼지수육 굴 김치 배추가 나오는 제육보쌈 등의 메뉴가 인기다. 더덕구이와 불고기, 도토리묵, 해물파전, 모둠전 등도 많이 찾는다. 입맛을 잃기 쉬운 여름에는 꽁보리로 만든 열무된장비빔밥이 제격이다. 인공 조미료 등의 사용을 최대한 자제해 깔끔한 맛을 내는 것으로 유명하다. '좋은 재료에서 좋은 맛이 나온다는 철학'에 따라 대부분의 재료를 산지에서 직접 가져오고 있다. 경기도 퇴촌에서 직접 담근 간장 된장 고추장 김치 등을 내놓는다. 잡채 등의 밑반찬도 푸짐하다. 일본 등 해외 관광객도 많이 찾는다. 가격(점심)은 한정식 2만8000원, 제육보쌈 3만2000원, 돌솥 곱창냉이김치찌개 1만원 정도다. 황토벽과 통나무 느낌의 탁자와 의자로 꾸민 실내는 민속주점 같은 분위기를 자아낸다. 대리 주차도 해준다.

(02)548-5121 / 서울 강남구 봉은사로227

콩두

청국장 스테이크 · 한우등심구이… 퓨전 장맛
진안 손두부 스테이크 · 안흥산 꽃게장

한스 울리히 자이트 주한 독일 대사의 단골집

서울 신문로 서울역사박물관에서 덕수초등학교 옆 덕수궁길로 이전한 퓨전 한식당이다. 한국 요리의 기본인 콩과 장(醬)을 주재료로 음식을 만든다. 각 지역 명인과 장인이 담근 장만을 엄선해 사용한다. 양조간장보다는 진한 맛의 조선간장을 주로 쓴다. '15년 씨간장 소스와 의성 흑마늘 퓨레를 곁들인 한우 등심구이'(3만5000원)가 대표 메뉴다. 등심을 구워 고명과 소스를 올려 낸다. 흑마늘 퓨레의 달콤한 향이 특징이다. 소스는 조선간장을 썼다. '백김치 처트니를 곁들인 청국장 소스의 진안 손두부 스테이크'(2만5000원)도 유명하다. 살짝 구운 손두부에 퓨전식 청국장 소스를 얹어 낸다. 청국장 고유의 냄새를 순화시키고 부드러운 질감은 살렸다. '고산 윤선도 반가 기법의 안흥산 꽃게장'(2만8000원)은 일반 게장과 달리 달콤하지 않고 담백하다. 안흥에서 꽃게를 공수해 조선간장에 담근 것으로 정갈한 맛이 특징이다. 코스 요리는 점심 2만7000~4만9000원, 저녁 4만5000~10만원.

(02)722-7002 / 서울 중구 덕수궁길 116-1

아리랑

가야금 소리에 '힐링'… 소고기편채 씹으면 힘이 절로

철판불고기 · 명이보쌈 · 양념꽃게장

한정화 중소기업청 청장의 단골집

정겨운 가야금 소리와 고풍스러운 분위기, 널찍한 대청마루와 툇마루 등이 인상적이었던 '진사댁'이 '아리랑'으로 바뀌었다. 이 식당이 있던 서울 마포구 용강동이 재개발에 들어가면서 이곳에 있던 진사댁이 근처 건물로 옮겨갔다. 진사댁에서 일하던 직원들이 아리랑에서 그대로 일하고, 메뉴도 같고, 가야금 소리도 들을 수 있다. 한옥 특유의 고즈넉한 느낌은 사라졌지만 진사댁의 깊은 맛은 간직하고 있다는 것이 직원들의 설명이다.

메뉴는 소고기편채, 철판불고기, 명이보쌈, 양념꽃게장 등 다양하다. 한정화 청장이 아리랑으로 옮겨가기 전인 진사댁에서 선택한 것은 '댁정식'이다. 이 코스는 전복죽으로 시작해 모둠회, 등심구이, 자연송이탕, 낙지볶음 등이 나온다.

아리랑 정식 2만원, 매(梅)정식 3만8000원, 댁정식 5만5000원, 국(菊)정식 7만8000원.　　(02)714-7171 / 서울 마포구 토정로35길 11 인우빌딩 3층

정림

민들레·질경이 곁들인 돌솥 오곡정식 대표 메뉴

효소 김치·버섯탕수육

허남식 부산시장의 단골집

부산 수안동에 있는 전통 한정식집. 손님들이 가장 즐겨 찾는 메뉴는 돌솥 오곡정식. 민들레와 질경이 달맞이꽃 등 온갖 약초들이 먹음직스럽게 버무려져 밥상에 올라온다. 약초무침과 수수전, 채소전에다 모둠나물, 산야초 효소로 3년 이상 숙성시켜 만든 장아찌는 음식인지 약인지 헷갈릴 정도다. 7년을 삭혀 만든 효소김치도 이 집의 명물. 마늘 생강 고춧가루 등 양념 없이 10여가지 야생초 효소로 5년 이상 숙성시키고 직접 담근 조선간장에 2년 담가둔 이 김치는 씹을수록 시원한 맛이 난다. 약초로 삶아낸 돼지고기와 함께 입에 넣으면 상쾌한 뒷맛과 야생초의 은은한 향기가 조화를 이룬다. 돌솥밥, 생선, 구수한 토종 된장국과 함께 5가지 정도의 밑반찬을 간장종지 크기의 작은 놋그릇에 담아 낸다. 가격은 1만6000원. 버섯탕수육도 인기 메뉴다. 다양한 종류의 버섯에 밀가루 옷을 입혀 튀겨낸 후 탕수소스에 버무렸다. 이 집에서 담근 약선약술과 함께 한잔 하면 그만. 가격은 2만5000원.

(051)552-1211 /부산 동래구 충렬대로237번길 31-3

와궁

단골만 맛보던 '해신탕' 정식 메뉴로
16가지 한방육수에 닭 문어 전복 능이버섯까지

가수 현숙의 단골집

경기 고양시 주엽동에 있는 한식당으로 2008년 10월 개점했다. 원래 양·대창, 한우 등 고기를 주력으로 파는 집이다. 단골손님에게 내놓던 해신탕이 입소문을 타고 인기를 끌자 이를 정식 메뉴로 만들었다. 엄나무 당귀 황기 등 16가지 한약재로 만든 한방육수에 닭 문어 전복 가리비 키조개 능이버섯 등을 넣는다.

살아 있는 해산물을 사용하고 조미료는 일절 사용하지 않는다고 한다. 먼저 살짝 데친 해산물을 먹고 미나리 쑥갓 배추 등 채소를 샤부샤부 형태로 즐긴 다음 푹 고아낸 백숙을 맛본다.

건더기를 건져낸 육수에 칼국수를 끓여 내고 마지막으로 찹쌀밥으로 죽을 만들어 먹는다. 재료 준비를 위해 꼭 예약을 해야 한다. 7만5000원(3~4인), 9만5000원(4~5인).　　　(031)914-4448 / 경기 고양시 일산서구 강성로141

삼계탕마을 2호점

찹쌀을 뚝배기 바닥에 깔아 국물 '걸쭉'

삼계탕

홍기택 산은금융그룹 회장의 단골집

서울 서초구에 3개 지점을 갖고 있는 삼계탕마을은 3대째 오로지 삼계탕 한 가지만 팔아온 삼계탕 전문점이다. 서울 반포동에 1, 2호점이 있고 서초동 남부터미널 인근에 3호점이 있다.

서초점에서는 훈제 오리고기도 판다. 고기를 먹지 않는 사람들에겐 선택할 메뉴가 없다는 게 단점이다.

찹쌀을 닭의 배에 넣지 않고 뚝배기 바닥에 깔아 국물이 걸쭉한 것이 특징이다. 인삼주가 한 잔씩 딸려 나온다. 삼계탕 한 그릇에 1만5000원. 2000원을 더 내고 공기밥을 말아 먹을 수도 있다. (02)596-5979 / 서울 서초구 신반포로31

향정

홍어 · 보리굴비 유명…직접 담은 막걸리도 인기
서대해물찜 · 병어회무침 · 벌교참꼬막

홍석우 지식경제부 장관의 단골집

홍어와 보리굴비를 기본으로 하는 남도식 한정식집이다. 봄에는 서대해물찜, 여름에는 병어회무침과 민어, 겨울에는 벌교참꼬막과 생굴 등 제철음식을 내놓는다. 재료는 고흥 벌교 등 전라남도에서 가져다 쓰고 화학조미료를 넣지 않는다고 한다. 식당 규모가 작기 때문에 부침개 등을 미리 해놓지 않고 그때그때 부쳐서 내놓는다.

주메뉴는 정식이다. 점심(3만원), 저녁(6만원)으로 나뉘며 점심에는 보리굴비와 메밀묵 더덕무침, 낙지데침, 새우전, 삼합 등 5~6가지 찬이 나온다. 저녁에는 죽, 홍어찜, 홍어애탕, 참꼬막, 생굴, 잡채 등이 더해진다. 손님이 10명 이상이면 입맛에 맞춰 구성을 다르게 할 수도 있다. 직접 담근 전통 막걸리가 인기 주종이며, 별도로 요청하면 주인의 판소리도 감상할 수 있다.

(02)738-5006 / 서울 종로구 인사동길 47-4

나무가 있는 집

집에서 만든 손두부…강원도 토속 상차림
손두부 · 메밀묵사발 · 곤드레밥 · 해물코다리찜

황건호 금융투자협회 회장의 단골집

서울 신문로 서울역사박물관 옆 골목에 있는 '나무가 있는 집'은 집에서 만든 손두부와 강원도 명물 곤드레밥을 맛볼 수 있는 한정식집이다. '건강한 음식 · 자연을 담은 음식'을 모토로 1996년 문을 열었다. 강원도 무공해 식재료로 만든 전통 토속음식을 판다. 두부는 강원도 영월에서 기른 콩과 강화 염전에서 올라오는 천연 간수를 이용해 옛날 방식 그대로 매일 가마솥에서 삶아 만든다. 곤드레나물을 비롯한 각종 나물도 정선 등 산지에서 직접 공수해 온다. 들기름과 된장 등 조미료를 직접 만들어 사용해 음식 맛이 간결하고 담백하다. 주메뉴인 '나무한상차림'은 손두부와 메밀전병 메밀묵사발 간장게장 곤드레나물밥이 기본으로 나온다. A세트(3만5000원)의 경우 두부보쌈과 불고기가 더 나온다. B세트(5만5000원)를 시키면 전복요리와 해물코다리찜 등을 추가로 즐길 수 있다. 곤드레밥을 제외한 토속상차림(2만5000원)도 있다. 점심에는 미리 예약하면 해물전복솥밥(1만5000원) 등을 제공한다.

(02)737-3888 / 서울 종로구 경희궁길 12

영양센타 반포점

국내 첫 닭요리 체인점
전기구이 통닭 · 삼계탕 · 마늘치킨

황교안 법무부 장관의 단골집

'영양센타'는 1960년 서울 명동에 처음 문을 연 국내 최초의 닭 요리 체인점이다. 외국에 나갔다가 전기로 닭을 굽는 것을 본 창업주 이도성 씨가 국내에 들여와 가게를 열었다. 우리나라엔 생소했던 바삭한 닭 껍질과 담백한 속살의 '통닭' 요리는 금세 입소문을 탔다. 현재는 서울 방배 · 여의도 · 모래내 · 신촌 · 분당 등에 분점을 두고 있다. 2004년 문을 연 반포점은 삼계탕 맛이 좋은 곳으로 꼽힌다. 부글부글 끓는 육수에 닭 한 마리를 넣어 푹 끓인 뚝배기를 놋쟁반에 올려 낸다. 영양삼계탕(1만3500원)이 기본 메뉴로, 깍두기와 새콤한 무절임이 함께 나온다. 들깨를 넣은 들깨삼계탕(1만5500원)과 산삼뿌리를 통째로 넣은 산삼삼계탕(1만8500원) 등도 있다. 삼계탕 외에는 전기로 구운 통닭(1만3000~1만4500원)을 비롯해 데리야키 소스와 마늘로 간을 한 마늘치킨(1만9500원), 매운닭 · 누룽지탕 세트(1만~1만9000원) 등을 판다. (02)532-9292 / 서울 서초구 서초중앙로247

민가다헌

너비아니 스테이크 등 퓨전한식 일품

너비아니스테이크 · 쉬림프포크 · 오리콩피

스콧 와이트먼 주한 영국 대사 · 이종수 SH공사 사장의 단골집

'차를 마시는 작은 오두막'이란 뜻의 서울 경운동 민가다헌(閔家茶軒)은 명성황후 후손의 저택을 개조한 퓨전 레스토랑이다. 4개의 실내 공간과 야외 테라스가 있다. 저녁에는 와인을 즐기는 손님이 많다. 한식과 양식의 조화가 돋보여 외국인의 발길이 끊이지 않는 곳이다. 퓨전 한식 분야에 수년째 몸담고 있는 송경섭 셰프는 동서양의 맛을 조합해 특별한 음식을 만들어낸다. 스테이크처럼 만든 대표 한식 너비아니, 돼지고기와 새우를 곁들인 쉬림프 포크가 인기 메뉴다. 부추 오일을 기본으로 쓴다. 토속적인 감자전, 돼지고기에 발효시킨 고추장 굴소스를 얹은 요리도 맛이 좋다. 요리에는 와인 대신 막걸리나 안동소주가 많이 들어간다.

새우와 돼지목살 스테이크 4만6200원, 자두 소스의 오리콩피 3만4100원, 로즈마리 마늘 오일의 오리콩피 4만7300원, 더덕구이와 불고기 양념의 너비아니 스테이크 5만1000원, 코스요리 점심은 2만9700원부터, 저녁은 7만5000원부터다.

(02)733-2966 / 서울 종로구 인사동10길 23-9

양식
016
대한민국 名士들의 맛집

플로라

네가지 치즈 어우러진 포르마지오 유명

이탈리안 음식점, 포르마지오 피자 · 파스타 · 카르보나라

권도엽 국토해양부 장관의 단골집

정부과천청사 인근 문원동에 있는 이탈리아 레스토랑으로 2010년 2월 문을 열었다. 서울랜드와 국립현대미술관도 가까워 주말에는 연인이나 가족 단위 손님들이 많아 예약이 필수다. 20년 경력의 서울 신라호텔 출신 요리사가 내놓는 피자와 파스타가 수준급이다. 조미료 대신 좋은 식재료를 사용해 맛을 낸다는 게 이주영 사장의 설명이다. 토마토와 신선한 바질에 모차렐라 치즈로 맛을 낸 이탈리아 정통 피자인 마르게리타(1만7000원)와 고르곤졸라 그리웨르 등 4가지 치즈가 어우러진 포르마지오 피자(1만9000원)가 인기 메뉴다. 카르보나라(1만7000원)와 해산물 스파게티(1만9000원) 등 파스타는 40~50대 중년 고객들도 많이 찾는다. 피자와 스파게티로 구성된 2인용 커플세트(5만5000원)는 물론 스테이크를 포함한 4인용 패밀리세트(10만원)도 있다. 매일 직접 구워내는 담백한 빵인 팽 드 캄파뉴도 별미다.

(02)503-4564 / 경기 과천시 새빛로14

라쿠치나

정통 이탈리안 음식점 … 봉골레 파스타 인기
이탈리안 음식점, 봉골레 · 페퍼 소스 한우 안심스테이크

김담 경방타임스퀘어 사장의 단골집

서울 한남동 그랜드하얏트호텔 맞은편에 있는 '라쿠치나'는 정통 이탈리안 음식점이다. 1990년 문을 연 뒤 인기를 끌자 2004년 강남 신세계백화점 10층에 2호점을 냈고 이후 스테이크 전문점 '더그릴', 중식당 '베이징' 등을 열었다. 2007년부터는 아시아나항공과 손잡고 1등석과 비즈니스석에 양식 메뉴를 공급하고 있다. 2008년에는 도미노피자와 사이드 메뉴를 공동 개발하기도 했다. 라쿠치나는 창업 이후 인테리어를 크게 바꾸지 않아 오랜만에 찾는 사람도 예전 분위기를 그대로 느낄 수 있다. 평일에는 주로 모임이나 비즈니스 미팅 손님이 많고, 주말에는 가족 단위 손님들이 많이 찾는다. 파스타 중에서는 봉골레, 스테이크는 페퍼 소스 한우 안심스테이크가 인기 메뉴다. 가격은 파스타가 2만원대 중반, 스테이크는 6만원 안팎이다. 점심은 낮 12시부터 오후 3시까지, 저녁은 오후 6시부터 10시30분까지다. 연중 무휴로 운영된다. (02)794-6005~6 / 서울 용산구 회나무로44길 10

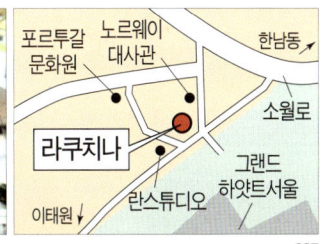

충정각
100년 된 집 개조…맛과 멋 느낄 수 있는 이탈리안 레스토랑
이탈리안 음식점. 스테이크 · 파스타 · 리조토

김영란 국민권익위원회 위원장의 단골집

맛과 멋을 한꺼번에 충족시키는 이탈리안 레스토랑. 지하철 5호선 충정로역 9번출구로 나와 골목으로 들어가면 '충정각' 현판을 단 오래된 서양식 벽돌집을 찾을 수 있다. 100여년 전 지어진 집을 수리해 2007년부터 갤러리 겸 레스토랑으로 운영되고 있다. 붉은 벽돌, 철제 창, 벽난로에서는 유럽의 분위기가 물씬 풍긴다. 건물 정면의 현판과 마당 한쪽에서 고추 등이 자라고 있는 텃밭에서는 한국의 푸근함을 동시에 느낄 수 있다. 충정각은 한 달에 한 번꼴로 젊은 예술가들의 작품을 소개하는 전시도 연다.

대표메뉴는 스테이크와 파스타. 이탈리아식 볶음밥인 리조토도 인기가 많다. 봄·가을에는 텃밭과 장독대, 나무그늘이 있어 도심 속 자연을 느낄 수 있는 테라스 석이 인기다. 영업시간은 오전 10시부터 오후 11시까지. 토요일은 오전 11시부터 오후 9시까지 영업한다.　　　　(02)313-0424 / 서울 서대문구 충정로2길 8

알리고떼

'와인 & 다이닝 바'… 다양한 와인
프렌치 티본 스테이크·양갈비 스테이크

남민우 벤처기업협회 회장의 단골집

서울 청담동에 있는 알리고떼는 와인과 식사를 함께 즐길 수 있는 '와인&다이닝 바'다. 심플한 인테리어가 장점인 실내도 좋지만, 정원수와 제철 꽃이 어우러진 야외 정원을 찾는 단골 손님들이 많다. 식당 이름인 알리고떼는 프랑스 부르고뉴 지방에서 화이트 와인을 만들 때 쓰는 포도 품종 이름에서 따왔다. 향이 풍부하고 누구나 편안하게 즐길 수 있는 와인으로 알려져 있다.

알리고떼에는 스테이크, 파스타, 피자, 해산물 요리 등 다양한 메뉴가 있다. 이 중 부드러운 육질의 티본 스테이크, 양갈비 스테이크 등이 인기 메뉴다. 올봄부터는 정원에 어울리는 바비큐를 새롭게 선보이기 시작했다. 강남구청역 사거리에서 청담역 방향으로 60m 정도 직진하고 좌회전하면 보이는 2층집이다. 티본 스테이크 7만원, 양갈비 스테이크 4만2000원, 모둠 바비큐 6만8000원.

(02)514-9973 / 서울 강남구 선릉로132길 29

일비노로소

채소 해산물에 칠리소스 넣은 토마토 수프

양갈비 스테이크

더크 밴 니커크 한국베링거인겔하임 사장의 단골집

현대건축가 김수근 씨가 남산 자락에 지은 개인 주택을 개조해 만든 이탈리아 레스토랑. 외국인에게 인기가 있는 양식당이다.

　더크 밴 니커크 한국베링거인겔하임 사장이 추천한 메뉴는 신선한 채소와 해산물에 칠리소스와 토마토를 넣어 만든 '토마토 수프'. 느끼하고 밋밋한 기존 수프와 달리 매콤한 맛을 자랑한다. 1년 미만 호주산 양갈비를 석쇠에 구워낸 양갈비 스테이크는 고기 위에 다진 마늘을 얹어 누린내가 나지 않는다. 초록빛이 도는 특제 로즈메리 오일소스를 찍어 먹으면 달콤한 맛을 느낄 수 있다.

　토마토 수프는 1인분에 1만6500원, 양갈비 스테이크는 5만원(300g)이다. 영업시간은 낮 12시~밤 10시. 오후 3시부터 6시까지는 커피타임이다. 평소 붐비지는 않지만 창가 좌석에 앉으려면 3~4일 전에 예약하는 것이 좋다.

(02)754-0011 / 서울시 용산구 소월로134

트레비아

매콤한 초리조 피자에 카프레제 샐러드 인기
이탈리아 피자전문, 초리조 피자 · 카프레제 샐러드

미클로시 렌젤 주한 헝가리 대사의 단골집

서울 이태원동에 있는 '트레비아'는 피자 전문점이다. 담백한 이탈리아 피자 본연의 맛을 볼 수 있는 곳이라는 평가를 받는다. 이탈리아에서 직수입한 이스트와 소금을 이용해 매일 아침 구운 빵으로 피자를 만드는 것이 맛의 비결.

한국인 입맛에 맞는 매콤한 '초리조 피자'(한 조각 6300원)가 유명하다.

짭조름한 스페인 소시지와 파프리카, 고춧가루 등을 넣어 맵싸한 토마토 소스의 조화가 일품이다. 이탈리아산 생 모차렐라와 함께 이탈리아 토마토의 탄력 있는 식감을 재현하기 위해 방울토마토를 곁들인 '카프레제 샐러드'(1만3500원)도 인기 메뉴다. 고르곤졸라, 생 모차렐라, 고다, 브리 등 네 가지 치즈로 만든 '콰트로 포르마지 피자'(5500원), 이탈리아 플리제사 지방에서 생산한 필로네 모차렐라를 사용한 '필로네 마리게리타 피자'(6300원) 등은 한 조각에 5500~7500원이다. 샐러드는 7000~1만3500원. (02)794-6003 /서울 용산구 녹사평대로222

로씨니

마늘로 냄새 잡은 양갈비구이 … 먹물 파스타 '일품'
이탈리안 음식점, 양갈비 석쇠구이 · 먹물 스파게티

박병원 은행연합회 회장의 단골집

서울 재동 지하철 3호선 안국역 2번출구 헌법재판소 정문 앞에 있는 '로씨니'는 국내에서 손꼽히는 이탈리안 레스토랑이다. 1997년 동부이촌동에서 문을 열었지만 임대료 문제로 2004년 삼양사 재동사옥 1층으로 자리를 옮겼다. 고(故) 김상홍 삼양사 회장이 로씨니의 단골인 게 인연이 돼 삼양사 사옥에 둥지를 틀었다는 후문이다. 로씨니의 대표 메뉴는 양갈비 석쇠구이(3만7000원)다. 마늘과 타임(향식료)으로 맛을 내 누린내가 없고 양갈비 특유의 맛을 잘 살렸다는 평이다. 날치알을 곁들인 갑오징어 먹물 스파게티(2만1000원)도 인기 있는 메뉴다. 신두병 전 이탈리아 대사가 베니스의 그 어떤 먹물 스파게티보다 맛있다고 평가하면서 유명세를 타기 시작했다. 여러 가지 신선한 해산물을 조개 국물에 담가 약한 불에 은근하게 우려낸 해산물 수프(9000원)도 손님들이 즐겨 찾는 메뉴다.

(02)766-8771 / 서울 종로구 북촌로18

램랜드

삼각갈비와 특제소스 '찰떡궁합'
양고기 전문점, 삼각갈비

윤용로 외환은행장의 단골집

양고기 전문점. 삼각갈비가 대표 메뉴다. 누린내 없는 1년 미만의 호주산 양고기를 3일 동안 숙성한 뒤 참숯에 구워낸다. 10년 이상 경력의 직원들이 직접 고기를 구워준다. 특제 소스에 양고기를 찍어 멕시코식 전병인 토르티야에 올리고 마늘 올리브 옥수수 등을 얹어 싸 먹으면 담백한 맛을 즐길 수 있다. 들깨와 깻잎을 넣어 얼큰하게 끓인 양고기 전골도 인기 메뉴다. 라면 사리를 넣어 먹을 수 있다. 소주 안주로 제격이다. 삼각갈비는 1인분에 2만5000원. 전골은 1만3000원이다. 영업시간은 오전 11시30분~오후 10시. 점심·저녁 시간은 자리가 없을 정도로 붐벼 예약을 하는 것이 좋다.

(02)704-0223 / 서울 마포구 토정로255

트라토리아 모로 "알아서 해주세요"… 이탈리아 가정식 레스토랑

송아지 정강이찜 · 와규 등심 · 펜네

클래식 기타리스트 이병우의 단골집

서울 삼성동 선릉공원 옆에 있는 '트라토리아 모로(Trattoria MORO)'는 이탈리아 가정식 전문 레스토랑이다. 200여종의 와인을 갖춘 이곳 셰프는 장충동의 이름난 이탈리안 레스토랑 '그 안'에서 10년간 대표 겸 셰프로 일한 김인수 씨. 18년 경력의 그가 가장 좋아하는 주문은 "알아서 해주세요"다. 4개월 전 문을 연 이 식당에는 고정 메뉴가 별로 없다. 그날그날 식재료의 종류와 신선도에 따라 달라진다. 계절별로 가을에는 홍합, 겨울에는 굴을 재료로 한 음식이 많다. 깻잎 리조토를 곁들인 송아지 정강이찜(2만8000원), 팬에서 구워낸 최상급 와규 등심(5만4000원), 깍지콩과 파마산 치즈를 곁들인 모둠 버섯구이(1만6000원), 청양고추와 이탈리아 건고추로 만든 매운 펜네(1만7500원), 신선한 낙지와 갑오징어 먹물리조토(2만2000원) 등을 추천한다. (02)556-6997~8 / 서울 강남구 봉은사로68길 21

부엔까미노

샤프란 파에야에 다양한 타파스

스페인 음식, 아스파라거스 구이·해산물 토마토 수프

패션디자이너 이상봉의 단골집

서울 삼성동의 스페인 음식점 '부엔까미노'는 안락한 분위기에서 입맛을 돋우는 퓨전 요리를 먹을 수 있는 곳이다. 사적 199호로 지정된 선릉 바로 옆에 있어 창문을 열면 숲 속 공기가 스며든다. 주요 메뉴는 해산물과 아스파라거스를 넣은 샤프란 파에야(2만1000원), 닭고기와 숙주를 넣은 데리야키소스 볶음 쌀국수(1만7000원)다. 다양한 타파스(tapas·스페인식 식사 겸 안주요리)를 골라 먹는 재미가 쏠쏠하다. 치즈를 얹은 아스파라거스 구이(6000원), 타르타르소스를 얹은 오징어·새우 튀김(6500원), 한우등심스테이크와 부추샐러드(1만1000원), 오렌지와 레몬에 절인 모둠 올리브(5500원), 버섯을 넣은 루콜라 샐러드(6000원) 등은 식사는 물론 안주로도 손색이 없다. 오전 11시30분부터 오후 1시30분까지는 오늘의 브런치(9500원), 오늘의 수프와 토스트(7000원), 햄버그스테이크(9500원), 쌀국수면을 넣은 얼큰한 해산물 토마토 수프(9500원) 등의 런치 메뉴를 즐길 수 있다.

(02)3453-9726 /서울 강남구 봉은사로68길 21

베니니

이탈리아 토스카나 요리 … 달군 돌 위의 스테이크

탈리아타 디 만조 · 티본 스테이크

임기영 대우증권 사장의 단골집

서울 신문로2가 가든플레이스 내에 위치한 '베니니(Benigni)'는 이탈리아 중부지방인 토스카나식 요리를 주로 하고 있다. 토스카나식 요리는 강한 소스보다는 육류 콩 보리 등 원재료의 맛을 최대한 살린 건강식이라는 점이 특징이다. 대표 토스카나식 스테이크인 '탈리아타 디 만조'가 유명하다. 국내 한우 중 3% 안에 드는 최상급 고기만 사용해 만든다. 해외에서 가져온 화덕 그릴에서 굽는다. 스테이크는 접시가 아닌 달군 스톤(돌) 위에 올려져 손님에게 나온다. 안심 스테이크 4만5000원, 등심 스테이크 4만9000원. 티본 스테이크는 9만원이다.

직접 만든 생면을 이용한 파스타 요리도 즐길 수 있다. 가격은 품목별로 1만9000~2만3000원대다. 코스 요리는 점심 4가지(2만5000~6만5000원), 저녁 3가지(4만7000~7만5000원)가 있다. 레스토랑 이름은 영화 '인생은 아름다워'의 감독 로베르토 베니니에서 따왔다고 한다.

(02)3210-3351~2 / 서울 종로구 경희궁1길 1

미피레또

예술품 감상하며 샐러드 요리에 수타 피자 맛 '환상'

파스타와 리조토 · 샐러드

정우현 미스터피자 회장의 단골집

서울 방배동 미스터피자 사옥인 '미피하우스' 2층에 있는 '미피레또'는 다양한 수타 피자를 즐길 수 있는 곳이다. 전문 셰프가 직접 요리하는 미피레또만의 스페셜 홈메이드 메뉴인 파스타와 리조토, 샐러드 요리를 맛볼 수 있는 것이 특징이다. 기존 매장과 다르게 미피하우스의 예술적 테마에 어울리는 다양한 예술작품들로 실내를 꾸며 식사를 하며 작품을 즐길 수 있다.

담백한 맛의 토마토 파스타인 토마토페스카토레 파스타, 고소한 크림의 풍미가 크랩의 식감과 어우러진 크랩크림파스타가 대표적인 인기 메뉴다.

가격은 신선한 해산물 샐러드가 8900원, 파스타 5종이 1만1900원, 리조토 2종이 1만1900원이다. 영업시간은 오전 11시부터 오후 10시30분까지다.

(02)521-4978 / 서울 서초구 효령로132

뚜띠쿠치나

립아이 스테이크 유명… 고르곤졸라 피자도 인기

이탈리아 음식점, 스테이크 루콜라 샐러드·카르보나라

조영기 넷마블 대표의 단골집

이탈리아 음식 전문 식당이다. 서울 상암동 디지털미디어시티(DMC) 내 문화콘텐츠 센터 1층에 있다. 고급 레스토랑 수준의 요리를 즐길 수 있는 곳이지만 인근 직장인들이 많이 이용한다. 스테이크 메뉴로는 안심 스테이크와 립아이 스테이크가 유명하다. 스테이크 코스 요리는 세 가지다. '립아이 스테이크 코스'(3만3000원), '블루치즈 소스를 곁들인 립아이 스테이크 코스'(3만9000원), '안심 스테이크 코스'(4만5000원). 이들 메뉴는 마늘빵, 수프, 파스타, 과일, 음료(커피 녹차 홍차) 등과 함께 제공된다. 점심 세트 메뉴도 스테이크 코스, 피자와 파스타 2인 세트, 피자와 리조또 3인 세트 등 다양하다. 특히 카르보나라(파스타)와 고르곤졸라 피자가 인기다. 샐러드 메뉴로는 베이컨, 파마산 치즈가 어우러진 시저 샐러드, 등심 스테이크를 함께 맛볼 수 있는 스테이크 루콜라 샐러드 등이 유명하다. 100여종의 와인도 배치돼 있다.

(02)302-0242 / 서울 마포구 월드컵북로400

파머스 키친

3만1900원 내면 잔디밭서 등심스테이크 무제한

이탈리아 음식점, 꽃게로제크림파스타·고르곤졸라피자

최재호 무학 회장의 단골집

'파머스 키친'은 무학에서 직접 운영하는 이탈리아 레스토랑이다. 무학이 예전부터 서울 사무소로 쓰던 건물 1층과 2층에 서울 소비자의 입맛을 파악하기 위한 테스트마켓으로 운영하고 있다. 최재호 회장이 '사랑의 밥차' 활동을 후원하며 인연을 맺은 배우 정준호 씨 등 지인들과 함께 자주 식사하는 곳이다. 크림과 토마토 소스가 어우러진 꽃게로제크림파스타(1만9500원)와 달콤한 고르곤졸라피자(1만9000원)가 대표 메뉴다. 저녁에는 등심이나 생선요리와 함께 소꼬리파스타 등을 즐길 수 있는 디너A코스(4만8000원)가 마련돼 있다. 야외에는 바비큐 테라스를 운영하고 있다. 3만1900원을 내면 야외 잔디밭에서 등심 스테이크 등을 무제한 이용할 수 있다. 5500원의 별도 요금이 붙는 주류음료 패키지에는 서울에서는 맛보기 힘든 무학 소주 '좋은데이'와 '화이트' 등이 포함돼 있다.

(070)7576-2111 / 서울 서초구 나루터로10길 20

톰볼라 삼성점

화덕피자 · 꽃게 스파게티 … 입안 가득한 '로마의 맛'
이탈리아 음식, 카프레제 샐러드 · 산다니엘레 피자

틸로 헬터 주한 유럽상공회의소 회장의 단골집

서울 삼성동 코엑스 건너편 한국전력 옆 블록에 위치한 톰볼라는 화덕 피자로 유명한 이탈리안 레스토랑이다. 단순한 조리과정으로 식자재 원래의 깊은 맛을 살려내기로 유명한 이탈리아 중부 토스카나, 로마지역 스타일의 음식을 주로 선보인다. 메뉴는 샐러드 10종류, 파스타와 피자 각각 13종류로 다양하며 가격은 2만원 안팎이다. 신선한 토마토와 물소젖 치즈의 카프레제 샐러드는 2만원, 토마토소스 모차렐라 치즈에 프로슈토를 올린 산다니엘레 피자는 2만2000원, 매콤한 토마토소스와 수제 소시지의 펜네 파스타인 펜네 콘 살시챠 2만원, 마늘과 올리브 오일을 곁들인 건강식 꽃게 스파게티 1만8500원.

(02)568-6550 /서울 강남구 테헤란로113길 13

올라 여의도 파크센터점　　이탈리안 레스토랑…매콤한 해산물 스파게티 유명

해산물 스파게티 · 누룽지 스파게티 · 치킨샐러드

황성호 우리투자증권 사장의 단골집

올라(여의도 파크센터점)는 서울 여의도 메리어트파크센터 지하 1층에 위치한 정통 이탈리안 레스토랑이다. 1999년 경기도 의왕시 백운호수 인근에 문을 연 1호점이 유명해지면서 지점을 늘렸고 6호점인 메리어트파크센터점은 2009년 설립됐다. 원목을 그대로 사용한 탁자와 통나무 기둥 등 자연적 느낌을 살린 인테리어로 유명하다. 요리는 한국적 입맛을 가미했다기보다는 이탈리아 전통의 느낌을 최대한 살리는 데 주안점을 뒀다. 단호박 크림수프, 얇게 채 썬 감자튀김과 치킨 샐러드, 매콤한 해산물 스파게티와 누룽지 스파게티 등이 유명하다. 가격은 스파게티가 1만9000원, 스테이크는 3만8000원 수준이다. 여의도에서 활동하는 국회의원과 증권업계 인사들이 자주 찾는다. 산뜻한 내부 구조에 깔끔한 음식 맛을 갖췄다는 게 단골들의 평가다. 오전 10시30분부터 밤 10시30분까지 문을 열고 연중 무휴로 운영된다.　　(02)2070-7220 /서울 영등포구 여의대로8

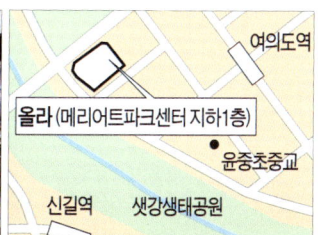

일식
006
대한민국 名士들의 맛집

대성관초밥

매콤한 볼락 조림에 광어 · 도미회 신선

대구맑은탕 · 연어구이 · 모둠튀김

박순호 세정 회장의 단골집

박순호 세정 회장이 즐겨 찾는 맛집은 부산 장전2동의 일식집 '대성관초밥'이다. 32년째 같은 자리를 지키는 이 식당은 박 회장의 집에서 그리 멀지 않아 '단골'이 된 식당이다. 게다가 자연산 광어 도미 등으로 모둠회를 내주는 점심 코스가 3만원이고 저녁 코스도 비싸지 않아 부산을 찾는 손님을 접대하기에 제격이라고. 일반 횟집에 없는 이곳의 진미는 볼락을 맛깔스럽게 조림으로 내놓는다는 점이다. 점심 때 정식세트 3만원짜리를 주문하면 샐러드 해산물전채 맑은국 모둠회에 이어 연어 등 구이 요리와 모둠튀김, 볼락조림과 밥, 대구맑은탕을 식사로 내온다. 볼락조림은 시원한 무와 매콤한 양념이 어우러져 부드러운 살코기가 밥맛을 돋운다. 식초 간장 과일즙을 섞어 만든 대구맑은탕용 소스도 독특하다. 대구맑은탕 국물에 넣으면 새콤하면서도 간간하게 먹을 수 있다. 저녁 세트는 점심 메뉴에 전복회가 추가되면 4만원, 찜요리가 더해지면 5만원, 초회까지 넣으면 7만원짜리 코스가 된다.

(051)518-4001/부산 금정구 금강로179

도도야

일본식 솥밥 전문점 … 은은한 향기가 일품

자연송이솥밥 · 연어솥밥 · 버섯우동

승효상 이로재종합건축사무소 대표의 단골집

젊은이들의 거리인 서울 대학로에서 이른바 '속이 든든해지는 밥집'을 찾기는 쉽지 않다. 대부분 식당이 젊은층 취향의 패스트푸드에 맞춰져 있어서다. '도도야'는 대학로에서 몇 안 되는 '밥집'이다. 직장인이나 기업인이 자주 찾는 식당으로 알려진 곳이다. 사무실이 가까운 승효상 대표도 일주일에 두세 번 찾는다. 일본식 솥밥(가마메시) 전문점으로 자연산 송이버섯, 전복, 연어 등으로 만든 다양한 요리를 입맛에 맞게 고를 수 있다. 양념이 골고루 배어 짜지도 싱겁지도 않고 적당하다. 특히 송이 솥밥은 은은한 향기가 일품이다. 상큼하게 씹히는 맛이 좋은 연어 솥밥은 여성들이 많이 찾는다. 솥밥 외에 해물·김치·버섯 우동과 소바, 돈가스, 회덮밥 등도 인기다. 단골인 승 대표는 평소에는 솥밥을, 술 마신 다음날에는 얼큰한 김치 우동을 주문한다. 자연송이 솥밥 1만8000원, 연어 솥밥 1만2000원, 김치 나베우동 7500원.

(02)741-5959 / 서울 종로구 동숭길 39

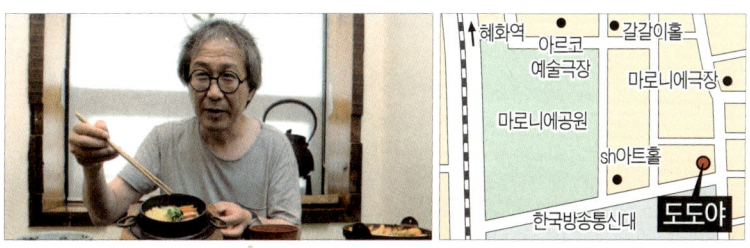

배수사

횟감 8~10시간 숙성시켜 감칠맛 자랑

회 찍어 먹는 해삼내장젓갈 '독특'

대목장 신응수의 단골집

서울 낙원동에서 30년 넘게 자리를 지키고 있는 일식 전문점이다. 회 초밥 튀김 구이 조림 등을 코스로 먹을 수 있는 점은 여느 일식집과 크게 다르지 않지만 생선을 바로 잡아 손님상에 올리지 않고 숙성한 뒤 내놓는 게 이 집의 특징이다.

생선 종류에 따라 8~10시간 정도 숙성 과정을 거친다. 활어회보다 쫄깃한 맛은 덜하지만 씹을수록 감칠맛이 배어 나온다. 회를 찍어 먹을 수 있도록 해삼내장젓갈을 주는 것도 독특하다.

회는 계절과 상황 등에 따라 매번 다르다. 코스 요리를 주문하면 참치 광어 도미 민어 등 10여가지 생선 가운데 5~6종류를 맛볼 수 있다. 배상남 사장이 매일 아침 시장에서 직접 생선을 고른다고 한다. 점심은 1인당 2만5000~3만5000원, 저녁은 5만~7만원. (02)764-7762 / 서울 종로구 삼일대로440

단

2.5kg 넘는 생선으로 회 … 새우튀김도 바삭
일본식 조림 · 볶음요리

영화배우 안성기의 단골집

서울 신문로에 있는 일식당 단은 2009년 9월 문을 열어 3년 남짓한 역사를 지녔다. 황정현 사장이 일본에서 10여년간 지낸 경험을 바탕으로 워커힐호텔 주방장을 고용해 정통 일식당을 차렸다. 이 식당은 회와 초밥 위주가 아니라 일본의 보통 요리집처럼 조림과 볶음을 많이 내놓는다. 또 2~3인이 함께 식사를 해도 회를 개별로 내놓는 게 특징이다. 일본의 식문화를 그대로 도입한 것이다. 황 사장은 2.5kg 이상 생선을 횟감으로 쓰기 때문에 육질이 좋다고 강조한다. 생선은 커야 맛있지만 클수록 원가가 비싸진다. 이 때문에 웬만한 일식집에서는 작은 크기의 생선을 내놓는다고. 새우튀김도 큰 것을 쓰기 때문에 머리가 특히 바삭바삭하다. 점심 코스는 3만~4만원이다. 저녁 코스는 5만원부터 8만원, 10만원, 12만원까지 있다. 3만원짜리 점심 세트 메뉴는 회, 초밥, 우동, 새우튀김, 조림, 생선구이, 닭고기 등으로 구성돼 있다.

(02)720-8007 / 서울 종로구 경희궁1길 1

긴자

숙성시킨 일본식 선어회 유명 … '도미밥'도 별미
코스 회요리에 냉우동 · 냄비우동 · 튀김덮밥

오세정 기초과학연구원 원장의 단골집

긴자는 서울에서 일본식 맛을 제대로 내는 집으로 유명하다. 요시오카 후사오 사장은 일본에서 식당을 경영하다 한국인 부인을 따라 서울로 이주했다. 1997년 역삼동에 긴자라는 이름으로 처음 가게를 냈고, 2000년 서초동 지금 자리에 둥지를 틀었다. 낮에는 냉우동, 냄비우동, 튀김덮밥 등 단품을 먹을 수 있지만 저녁에는 생선회 코스 요리만 주문할 수 있다. 코스 요리의 가격이 다소 비싸 보이지만 단골들은 가격 대비 만족도가 높다고 평가한다. 코스 요리를 선택하면 약간 숙성시킨 일본식 선어회를 다양하게 맛볼 수 있다. 도미, 농어, 광어, 우럭, 성게알, 감성돔 등이 나오고 찬 된장국물로 만든 감성돔 물회도 내놓는다. 일왕이 먹는 밥이라는 '도미밥'도 별미다. 불린 찹쌀에 도미를 올려 밥을 지은 후 생선뼈를 발라내고 밥과 비벼 먹는다. 차가운 우동면을 긴자 고유의 소스와 고추냉이에 비벼 먹는 냉우동도 인기가 많다.

(02)537-0890 / 서울 서초구 서초중앙로28길 16

우미스시

이촌동서 20년간 영업 … 생선회 · 간장게장 전문

생선초밥 · 성게알초밥 · 장어덮밥

진영욱 정책금융공사 사장의 단골집

서울시 용산구 이촌동에 있는 '우미스시'는 정통 일식집이다. 이촌동에서만 20년 이상 영업을 했다. 생선회, 간장게장 전문집으로 유명하다. 입소문을 타면서 8년 전 현 위치로 확장이전했다.

꽃게는 연평도에서 잡은 것으로, 4~5월과 10~11월께 알이 가득 찬 것들만 골라 쓴다. 생선과 새우, 전복, 장어 등도 맛과 신선도를 유지하기 위해 당일 갓 올라온 재료만 고집하고 있다. 담백한 맛을 위해 화학조미료를 일절 사용하지 않는다고 한다. 주 메뉴는 정식이다. 생선회정식, 새우튀김정식, 장어정식 등이 있다. 가격대는 2만5000~6만원대. 간장게장이 기본으로 나오는 게 특징이다. 이 밖에 생선초밥, 성게알초밥, 장어덮밥 등도 있다. 제철음식으로 민어회, 청어구이 등도 내놓는다. 점심은 낮 12시부터 오후 3시까지, 저녁은 오후 5시30분부터 10시까지 영업한다.

(02)794-0111 / 서울 용산구 이촌로75길 12

아시안
004

대한민국 名士들의 맛집

JS가든 청담점

입에서 살살 녹는 찹쌀 탕수육 · 사천식 닭날개
칼로 잘라 만든 짜장면 · 가위로 자른 볶음면

구재상 케이클라비스투자자문 대표의 단골집

JS가든(청담점)은 서울 논현동에 작년 5월 문을 연 고급 중식당이다. 한식 궁중요리와 일식 전문가인 김정석 전 신라호텔 지배인이 대표다. 일반 중식당과 달리 음식에 기름기가 적다. 원재료의 맛과 질감을 살리기 위해 재료를 살짝 데친 후 요리하기 때문에 먹고 난 다음 포만감이 덜하다. 매콤한 사천식 닭날개와 바삭한 찹쌀 탕수육이 인기 메뉴다. 면 반죽을 칼로 잘라 만든 짜장면과 가위로 자른 볶음면도 별미다. 코스요리는 점심(2만9000원, 3만9000원) 2종, 저녁(5만원, 6만6000원, 8만8000원, 11만원) 4종이다. 짜장면은 9000원, 짬뽕은 1만5000원이다. 직수입하는 이탈리아산 와인이 다른 음식점보다 20%가량 싸다는 게 김 대표의 설명이다. JS가든 압구정점과 잠원점에서도 같은 맛을 즐길 수 있다.

(02)3446-5288 /서울 강남구 도산대로318

마이홍

연예인 홍석천이 운영 … 일본 · 태국 요리 '일품'

굴과 해삼창자요리 · 참치참깨소스샐러드

골프선수 신지애의 단골집

'마이홍'은 서울 이태원 일대에서 7개의 레스토랑을 운영하고 있는 연예인 홍석천 씨가 최근 문을 연 식당이다. 원래 태국 음식을 전문으로 표방한 식당이었다. 그러다 최근 롯데호텔과 서래마을 이자카야에서 20년간 일한 일본요리 전문 주방장을 영입하면서 태국과 일본 음식을 동시에 선보이는 콘셉트로 재구성했다. 이곳의 요리들은 눈부터 사로잡는다. 접시에 버섯과 양파를 깔고 그 위에 구운 장어를 올린 뒤 흑임자를 뿌린 음식은 맛과 웰빙의 두 요소를 동시에 충족시킨다. 단호박에 아이스크림을 올린 요리는 눈 쌓인 초가집 같다. 단호박 안에서 구운 참치가 쏟아져 환성을 지르게 한다. 굴과 해삼창자(고노와다)를 버무린 요리, 참치에 참깨소스를 뿌린 샐러드도 일품이다. 일본식 라멘도 맛있다. 매운 라면의 이름은 '홍라면'이다. 미소 된장라멘 역시 신지애를 흥분시키는 메뉴다. 이태원 해밀톤호텔 뒷골목에 있다.

(02)794-8990 / 서울 용산구 이태원로23길 6

왕타이

똠얌꿍·사테 루엄 등 현지 맛 그대로
태국음식, 세계 3대 수프 똠얌꿍·닭고기 그린 카레

끼띠퐁 나 라농 주한 태국 대사의 단골집

서울 이태원동 영화빌딩 3층에 있는 '왕타이'는 '태국의 궁전'이라는 뜻의 태국음식점이다. 이태원 속 작은 태국으로 불릴 만큼 태국 현지의 맛을 그대로 재현했다는 평가를 받고 있다. 태국인 요리사 4명이 태국에서 직수입한 향신료로 소스를 직접 만드는 것이 음식 맛의 비결. 태국의 대표적 요리이자 세계 3대 수프의 하나로 꼽히는 '똠얌꿍'(1만6000원)이 유명하다. 닭고기 육수에 태국 고추와 향신료가 풍부하게 들어간 시큼한 국물맛이 일품이다. 매콤한 태국 고추와 가지, 코코넛 밀크가 곁들여진 닭고기 그린 카레인 '깽 기완 가이'(1만5000원)도 유명하다. 사테 루엄(모둠 꼬치와 땅콩소스), 똠얌꿍(태국식 새우 수프), 느아 팟 킹(소고기 버섯볶음), 깽 기완 가이(닭고기 그린 카레), 무 토드 끄라티움 프릭 타이(돼지고기볶음), 팟 팍 루엄(채소볶음), 카오 플라오(공기밥), 녹 남 까티(코코넛 밀크와 과일이 든 후식) 등으로 구성된 코스가 3만7000원. 쁠라 팟 쁘리어 완(생선요리) 등을 추가한 코스는 5만원이다. (02)749-2746~7 / 서울 용산구 이태원로151

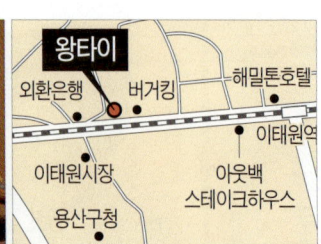

오요리

이주여성들이 셰프 … 아시아 각국 '대표 요리'
인도네시아 나시고렝·말레이시아 미고렝

조윤선 여성가족부 장관의 단골집

서울 서교동에 있는 퓨전 레스토랑 '오요리'는 지하철 6호선 상수역 1번 출구에서 걸어서 5분 거리에 있다. 이주 여성들의 경제적·사회적 자립을 지원하기 위해 만들어진 사회적 기업이다. 서울시립청소년직업체험센터(하자센터)가 키워낸 두 번째 사회적 기업으로, 2007년 설립돼 2008년 10월 고용노동부의 사회적 기업 인증을 받았다.

오요리는 오가니제이션 요리의 약자다. 다문화 이주 여성을 셰프로 고용해 만든 베트남 인도네시아 말레이시아 등 아시아 각국의 대표 메뉴 20여가지를 즐길 수 있다. 대표 음식은 인도네시아식 볶음밥인 나시고렝(1만1000원)과 말레이시아식 볶음면인 미고렝(1만2000원)이다. 일본식 버섯소고기덮밥(1만1000원)도 손님들이 즐겨 찾는다. 좌석 테이블은 10개 정도로 넓지 않다. 오전 11시30분부터 오후 10시까지 운영하며, 매주 월요일은 휴무다.

(02)332-5525 / 서울 마포구 와우산로15길 28

101 맛집 분류 표 식당이름 가나다 순

가연	한식	남도 한정식 코스요리, 병어조림, 가자미조림	(02)522-1958
가족회관	한식	정통 전라도 한식, 삼합, 세뱅이찌개	(02)567-2128
강릉동치미막국수	한식	수육, 통문어, 막국수	(02)503-1199
갯마을	한식	만둣국, 떡만둣국, 찐만두, 한우 수육, 녹두부침	(02)798-5655
고가	한식	남도음식, 10년숙성 간장게장, 벌낙지구이, 궁중떡갈비	(031)707-5337
고향보리밥	한식	꽁보리밥	(02)736-9716
고향집	한식	수육, 보쌈, 황태구이	(02)543-6363
구단지	한식	닭볶음탕 등 가정식 백반	(02)502-0022
구마산	한식	경상도식 추어탕, 숯불갈비	(02)782-3269
국시집	한식	안동식 칼국수	(02)762-1924
그때그집	한식	더덕구이, 산채한정식	(041)634-3214
긴자	일식	일본식 선어회	(02)537-0890
나무가 있는 집	한식	손두부, 곤드레밥	(02)737-3888
남도복집	한식	전라도 향토음식, 참복지리, 매생이복국, 낙지비빔밥	(02)784-2077
누리	한식	계절 나물 장조림 모둠전 들어간 한식 도시락	(02)736-7848
단	일식	일본식 조리 볶음	(02)720-8007
달개비	한식	자연 재료 활용한 전통요리	(02)763-3434
달항아리	한식	퓨전한식당, 문어숙회, 간장게장, 잡채, 낚지볶음	(02)737-7902
대련집	한식	사골칼국수, 생배추보쌈	(02)2265-5349
대방골	한식	남도음식 전문 한정식, 보리굴비, 낙지, 홍어	(02)783-4999
대성관초밥	일식	자연산 광어, 도미, 모둠회	(051)518-4001
대성집	한식	도가니탕	(02)735-4259
도도야	일식	일본식 솥밥	(02)741-5959
돈후이	한식	대나무통삼겹살, 와인삼겹살, 고추장삼겹살	(02)3402-3333
동해가진항	한식	동해 특선 자연산 회	(02)334-3399
두레	한식	한정식 계절별 메뉴 신선로	(02)732-2919
들풀	한식	간장게장정식, 버섯불고기정식, 채식위주 한정식	(02)720-4323
뚜띠쿠치나	양식	이탈리아 음식점, 립아이 스테이크	(02)302-0242
라쿠치나	양식	이탈리안 음식점, 봉골레파스타, 한우 안심스테이크	(02)794-6005
램랜드	양식	양고기 전문점, 삼각갈비	(02)704-0223
로씨니	양식	이탈리안 음식점, 양갈비구이, 먹물파스타	(02)766-8771
마을	한식	제주산 말고기	(02)417-1950
마이홍	양식	태국-일본음식 퓨전	(02)794-8990
마포나룻터	한식	양구이, 보리굴비	(02)715-1255

추천인 직함은 한국경제신문 '한경과 맛있는 만남' 게재일 기준입니다

주소	이름	직함
서울 서초구 서초대로48길 64	김진환	법무법인 충정 대표변호사
서울 강남구 테헤란로51길 15	박인구	한국식품공업협회 회장
경기 과천시 구리안로83	최문기	미래창조과학부 장관
서울 용산구 이촌로248	이장석	넥센 히어로즈 대표
경기 성남시 분당구 새마을로51번길 5-1	최종일	아이코닉스 대표
서울 종로구 삼청동 2	류우익	통일부 장관
서울 강남구 언주로134길 20	최광식	문화체육관광부 장관
경기 과천시 관문로130	서규용	농림수산식품부 장관
서울 영등포구 여의도동43	박종구	한국폴리텍대학 이사장
서울 성북구 창경궁로43길 9	김승호	보령제약그룹 회장
충남 홍성군 홍성읍 홍덕서로39-7	안희정	충청남도지사
서울 서초구 서초중앙로28길 16	오세정	기초과학연구원 원장
서울 종로구 경희궁길 12	황건호	금융투자협회 회장
서울 영등포구 여의나루로67	최수현	금융감독원장
서울 종로구 인사동14길 23	박원순	서울시장
서울 종로구 경희궁1길 1	안성기	영화배우
서울 중구 세종대로19길 16	마틴 유든 주한 영국 대사 / 전성철 세계경영연구원 회장	
서울 종로구 팔판길 42	정지영	영화감독
서울 종로구 관수동 163	김정태	하나금융그룹 회장
서울 영등포구 여의도동 13 진미파라곤 지하 1층	김봉수 한국거래소 이사장 / 문희상 국회의원	
부산 금정구 금강로179	박순호	세정 회장
서울 종로구 통일로184-11	김영복	옥션 단 대표
서울 종로구 동숭길 39	승효상	이로재종합건축사무소 대표
서울 송파구 오금로35길 10	강만수	산은금융지주 회장
서울 서대문구 연희로60	유상호	한국투자증권 사장
서울 종로구 인사동 8-7 국제빌딩 1층	손경식	대한상공회의소 회장
서울 종로구 자하문로118	박재완	기획재정부 장관
서울 마포구 월드컵북로400	조영기	넷마블 대표
서울 용산구 회나무로44길 10	김담	경방타임스퀘어 대표
서울 마포구 토정로255	윤용로	외환은행장
서울 종로구 북촌로18	박병원	은행연합회 회장
서울 송파구 백제고분로187	장태평	한국마사회 회장
서울 용산구 이태원로23길 6	신지애	골프선수
서울 마포구 마포대로1길 16	최삼규	대한건설협회 회장

101 맛집 분류표 식당이름 가나다 순

마포본가	한식	숯불돼지갈비	(02)525-5392
명선헌	한식	남도음식 한정식, 보김치, 산해진미세트	(02)587-2942
미피레또	양식	파스타와 리조토, 샐러드	(02)521-4978
민가다헌	퓨전한식	너비아니스테이크, 쉬림프포크	(02)733-2966
발우공양	한식	사찰음식 채소 코스요리3종	(02)733-2081
배수사	일식	10시간 숙성 회	(02)764-7762
버드나무집	한식	한우요리전문, 한우 주물럭, 암소 왕갈비, 갈비탕	(02)2088-3392
베니니	양식	이탈리아 토스카니식, 육류 등 원재료맛 살린 건강식	(02)3210-3351
본가	한식	아귀찜, 코다리찜, 해물전문점	(02)714-6264
부엔까미노	양식	스페인 음식, 아스파라거스 구이, 햄버거스테이크	(02)3453-9726
사리원	한식	과일 채소 소스로 맛낸 불고기	(02)3474-5005
삼계탕마을 2호점	한식	삼계탕	(02)596-5979
삼미	한식	김치콩나물국, 콩나물비빔밥	(02)736-6789
새마을식당 역삼GS점	한식	찹쌀 고추장 소스 열탄불고기	(02)568-4942
샤르르 샤브샤브	한식	취향 따라 골라 만들어 먹는 샤브샤브	(02)717-5082
선비식당	한식	생갈치찌개, 빈대떡	(051)721-2231
아리랑	한식	소고기편채, 철판불고기, 명이보쌈	(02)714-7171
안동국시 마포	한식	국시, 한우 삼겹수육	(02)3272-6465
안동국시 종로	한식	안동국시	(02)2277-6131
알리고떼	양식	프렌치 티본 스테이크	(02)514-9973
영양센타 반포점	한식	삼계탕	(02)532-9292
예담	한식	메뉴가 매일 바뀌는 정통 한정식	(02)365-6884
예당	한식	추억의 밥상 코스, 서울식 한정식	(02)546-2525
예조	한식	전라도식 한식, 삼합 보리굴비	(02)730-4646
예촌	한식	시골된장찌개, 해물순두부, 토속한정식	(02)525-0987
예향 삼성동	한식	남도음식, 굴비정식	(02)565-0033
예향 역삼동	한식	남도음식, 숯불구이 등심스테이크	(02)566-0043
오요리	양식	퓨전음식, 아시아 각국 대표요리	(02)332-5525
오정	한식	자연산 버섯찌개	(043)257-6726
올라 여의도 파크센터점	양식	이탈리아 음식, 해산물 스파게티, 누룽지 스파게티	(02)2070-7220
와궁	한식	해산물 백숙	(031)914-4448
왕타이	양식	태국음식, 똠양꿍, 닭고기 그린 카레	(02)749-2746~7
옹금옥	한식	서울식 추어탕	(02)777-4749
옹수산 아크로비스타점	한식	정통 개성 한식점, 보쌈김치, 청포묵무침, 불고기	(02)591-9674

추천인 직함은 한국경제신문 '한경과 맛있는 만남' 게재일 기준입니다

서울 서초구 방배천로4길 15-3	프랑수아 프로보	르노삼성자동차 사장
서울 서초구 서운로39	오영호	KOTRA 사장
서울 서초구 효령로132	정우현	미스터피자 회장
서울 종로구 인사동10길 23-9	스콧 와이트먼 주한 영국 대사 / 이종수 SH공사 사장
서울 종로구 우정국로56	원택 스님
서울 종로구 삼일대로440	신응수	대목장
서울 강남구 언주로522	도용환	스틱인베스트먼트 회장
서울 종로구 경희궁1길 1	임기영	대우증권 사장
서울 용산구 원효로139-2	구자열	LS그룹 회장
서울 강남구 봉은사로68길 21	이상봉	패션디자이너
서울 서초구 서운로136	김승조	한국항공우주연구원 원장
서울 서초구 신반포로31	홍기택	산은금융그룹 회장
서울 종로구 사직로12길 1-2	서남수	교육부 장관
서울 강남구 봉은사로30길 73	나카바야시 히사오	한국도요타 사장
서울 마포구 토정로37길 41	김형오	前 국회의장
부산 기장군 기장읍 대변로107-27	이장호	BS금융지주 회장
서울 마포구 토정로35길 11 인우빌딩 3층	한정화	중소기업청장
서울 마포구 마포대로14가길 18-7	박종수	금융투자협회 회장
서울 종로구 종로16길 13	이희범 한국경영자총협회 회장 / 조준희 기업은행장
서울 강남구 선릉로132길 29	남민우	벤처기업협회 회장
서울 서초구 서초중앙로247	황교안	법무부 장관
서울 강남구 도산대로16길 18	강성원	한국공인회계사회 회장
서울 강남구 언주로153길 5	강호갑	중견기업연합회 회장
서울 종로구 사직8길 9-1	김흥남	한국전자통신연구원 원장
서울 서초구 서운로12-1	윤윤수 휠라글로벌 회장 / 조환익 한국전력공사 사장
서울 강남구 테헤란로63길 20	송승환	PMC프로덕션 대표
서울 강남구 언주로107길 7	정영균	희림종합건축사무소 사장
서울 마포구 와우산로15길 28	조윤선	여성가족부 장관
충북 청주시 상당구 대성로44-2	이시종	충청북도지사
서울 영등포구 여의대로8	황성호	우리투자증권 사장
경기 고양시 일산서구 강성로141	현숙	가수
서울 용산구 이태원로151	끼띠퐁 나 라농	주한 태국 대사
서울 종로구 자하문로41-2	이재후	김앤장 대표변호사
서울 서초구 서초중앙로188	임영록	KB금융지주 회장

101 맛집 분류 표 식당이름 가나다 순

식당명	분류	메뉴	전화번호
우리집	한식	남도음식, 보쌈김치	(02)379-1150
우미스시	일식	생선회, 간장게장	(02)794-0111
울돌목 가는 길	한식	해산물밥집, 전복회	(02)521-6032
위대한밥상 영광	한식	토속한정식집, 갈치구이, 보리굴비	(02)3482-6622
유선식당	한식	민어요리	(02)525-6608
일미칼국수	한식	소고기육수 칼국수	(02)593-9924
일비노로소	양식	양갈비 스테이크	(02)754-0011
정가네 순두부	한식	순두부	(032)432-3517
정림	한식	돌솥오곡정식	(051)552-1211
제일제면소 쌍림점	한식	국수, 소고기 샤브샤브, 우동전골	(02)6740-7999
진미식당	한식	겟국지, 간자미, 감태, 대하	(02) 3211-4468
진주청국장	한식	청국장	(02)525-6919
참복집	한식	활어복지리, 복소금구이 복요리전문	(02)702-1953
참숯골	한식	한우갈비, 영양돌솥밥	(02)774-2100
청담1막	한식	퓨전주점 신개념막걸리바, 매운짬뽕 수제비	(02)548-5529
충보호동복집	한식	복국, 멍게비빔밥	(02)2691-6300~1
충정각	양식	이탈리안 음식점, 스테이크, 파스타, 리조토	(02)313-0424
코리아하우스	한식	한우 및 전통음식, 코냑 숙성 한우등심, 육사시미	(02)543-8888
콩두	한식	퓨전한식, 청국장	(02)722-7002
토담골 논현동점	한식	열무된장비빔밥	(02)548-5121
톰볼라 삼성점	양식	이탈리아 음식, 화덕피자, 꽃게파스타	(02)568-6550
트라토리아 모로	양식	이탈리아 가정식, 송아지정강이찜, 와규등심 펜네	(02)556-6997~8
트레비아	양식	이탈리아 피자전문, 초리조 피자, 고르곤졸라 피자	(02)794-6003
파머스 키친	양식	이탈리아 음식, 꽃게로제크림파스타, 고르곤졸라	(070)7576-2111
평가옥	한식	이북음식, 냉면, 어복쟁반	(02)732-1566
플로라	양식	이탈리아 음식, 포르마지오 피자, 파스타	(02)503-4564
하모	한식	진주식 육회비빔밥	(02)515-4266
한국회관	한식	생고기 전문점, 버섯불고기, 갈비탕	(02)595-3355
행복한 마음	한식	남도음식, 젓갈, 장아찌	(02)733-0995
향정	한식	홍어, 보리굴비	(02)738-5006
현복집	한식	참복요리 전문, 참복사시미튀김	(02)511-6888
호반	한식	병어찜, 순대	(02)733-4886
JS가든 청담점	아시안	중식, 사천식 닭날개, 바삭한 찹쌀 탕수육	(02)3446-5288

추천인 직함은 한국경제신문 '한경과 맛있는 만남' 게재일 기준입니다

주소	이름	직함
서울 용산구 대사관로40	신영무	대한변호사협회 회장
서울 용산구 이촌로75길 12	진영욱	정책금융공사 사장
서울 서초구 반포대로28길 8	권혁세	前 금융감독원장
서울 서초구 서초대로73길 58	장인수	오비맥주 사장
서울 서초구 효령로49길 25	박재순	한국농어촌공사 사장
서울 서초구 방배중앙로167	최양하	한샘 회장
서울시 용산구 소월로134	더크 밴 니커크	한국베링거인겔하임 사장
인천 남동구 구월로115번길 22	송영길	인천시장
부산 동래구 충렬대로237번길 31-3	허남식	부산시장
서울 중구 동호로330	강석희	CJ E&M 대표
서울 마포구 마포대로 186-6	김석동	금융위원장
서울 서초구 서초2동 1365-22	이토키 기미히로	소니코리아 사장
서울 마포구 만리재로1길 14	안택수	신용보증기금 이사장
서울 중구 무교로19	우리 구트만	주한 이스라엘 대사
서울 강남구 도산대로334	이경규	방송인
서울 강서구 화곡로53길 10	이채욱	인천공항공사 사장
서울 서대문구 충정로2길 8	김영란	국민권익위원회 위원장
서울 강남구 압구정로79길 56	윤홍근	제너시스BBQ 회장
서울 중구 덕수궁길 116-1	한스 울리히 자이트	주한 독일 대사
서울 강남구 봉은사로227	한덕수	한국무역협회 회장
서울 강남구 테헤란로113길 13	틸로 헬터	주한 유럽상공회의소 회장
서울 강남구 봉은사로68길 21	이병우	클래식 기타리스트
서울 용산구 녹사평대로222	미클로시 렌젤	주한 헝가리 대사
서울 서초구 나루터로10길 20	최재호	무학 회장
서울 종로구 새문안로5가길 7	김도연	국가과학기술위원회 위원장
경기 과천시 새빛로14	권도엽	국토해양부 장관
서울 강남구 신사동 627-17	성석제	소설가
서울 서초구 사평대로18길 10	장마리 아르노	사노피아벤티스코리아 사장
서울 종로구 자하문로6길 12-18	윤경희	맥쿼리증권 회장
서울 종로구 인사동길 47-4	홍석우	지식경제부 장관
서울 강남구 도산대로50길 14	김기문	중소기업중앙회 회장
서울 종로구 재동 85-2	문길주	한국과학기술원 원장
서울 강남구 도산대로318	구재상	케이클라비스투자자문 대표

성공을 부르는 습관 한국경제신문